남매의 여름밤

각본집

PLAIN
ARCHIVE

감독의 말

영화의 각본집 출간을 위해
〈남매의 여름밤〉의
시나리오를 다시 읽고 있자니
낱낱이 안다고 믿었던 사람의
단 한 번도 보지 못했던 표정을
목도한 것 같은 기분이 들었다.

'이런 표정을 짓기도 하는구나'가 아닌
이 사람이
내가 알던 사람이 맞나 싶을 정도의
생경함이었다.

영화를 촬영하며
늘 손에, 눈에 붙들려 있던 시나리오가
이리도 낯설게 보이기까지
무수한 과정들을 지나며
가장 달라진 점은
아마도 시나리오가 품고 있는 온도와
영화가 지닌 온도의 차이일 것이다.

다소 건조하고 일견 차갑게 느껴지기도 하는 글은
함께 해 준 동료들과 배우들
그리고 가족의 집을 만나며
온기를 품게 되었다.

그들은 때로는 나보다
이 세계를 더 깊이 이해하고 있었고,
어느 때는
내 빈곤한 상상력이 닿을 수 없는 곳까지
멀리 나아가게 해주었다.

8 삶이 여러 우연, 인연을 만나고
여러 갈래의 기로 앞에서
방향을 찾아 가는 것처럼
〈남매의 여름밤〉도
무수한 우연과 인연을 만나
한 삶을 살아냈다.

이 시나리오는
동료들과 배우들, 그들의 꿈과 기억들이
온전히 녹아들기 이전의
여백의 공간이 많은 글이다.

어떤 과정들을 지나
지금의 시나리오를 완성하게 되었는지
영화를 촬영하며
어떤 수정들을 거쳤는지
그 지난한 과정을 기술할까에 대한
고민도 했었지만
그보다는 종이에 적힌 문장들을
영화로 만들며 담게 된
따뜻한 생기와 순간의 포착들에 대해
적는 것이 좋겠다는 생각이 들었다.

이 여백을 드러내는 것이   9
다소 부끄럽기도 하고,
두렵기도 하지만
시나리오를 읽는 분들께서
행간에서의 의미를 발견하고,
각각의 마음으로 채워 주었으면 좋겠다.

2020. 8.
윤단비

차례

남매의 여름밤 각본

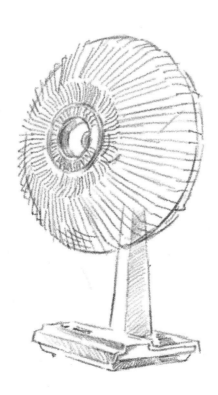

1. 빈 집 / 오후

창살이 보이는 반지하,
집 안을 둘러보던 옥주가 바깥 풍경을 본다.
바깥 잠시 바라보는가 싶으면 동주가 낡은 플라스틱
서랍장을 들고
앞으로 달려온다.

       동주   누나 이거 가져갈까?

옥주가 동주 본다.

14

2. 다세대 주택 앞 / 오후

다세대 주택 앞, 집 앞에 세워진 다마스.
동주가 버려진 장롱 서랍을 열며 가져가고 싶은 듯
안쪽을 구석구석 살핀다.

       동주   아직 쓸 만하지 않아?
       옥주   얼른 타.

옥주 동네 한 번 둘러보고는 앞 좌석 문 연다.

병기 차 타려다가 전화 온 듯

전화번호 보다가 한쪽에서 전화 받고 있다.

차에 탄 옥주, 운전석 창문 통해 집 바라본다.

3. 다마스 안 / 오후

다마스 내부, 한쪽에 놓여 있는 낡은 굴삭기 문제집,

이삿짐 박스가 실린 트렁크와 뒷좌석.

가족들, 말없이 이동한다.

옥주가 창문 내려 동네의 풍경 바라본다.   15

4. 집 앞 / 오후

집 앞으로 병기의 다마스가 들어오고,

가족들이 짐 박스를 하나씩 들고 대문 안으로 들어간다.

4-1. 현관 앞 / 오후

병기가 현관 안, 거실 입구에 박스 내리고,

동주가 작은 박스 들고 안으로 들어간다.

옥주가 동주의 신발 정리한다.

병기   할아버지 더위 먹어서 지금 병원에
        계신다니까
        가서 좀 모셔 올게. 정리하고 있어.

병기 얘기하며 마당으로 나가면
옥주, 병기의 말에 사뭇 심각한 표정으로 따라나선다.
병기는 대수롭지 않은 듯한
반응이다.

16   옥주   ... 괜찮은 거야?
        병기   심각한 건 아니래. 들어가 있어.

병기가 열쇠 꺼내 대문 열어 주고,
아이들 간단한 짐 챙겨 대문 안, 마당 들어가면
보이는 현관 문.
옥주가 혹시나 싶어 현관문 잡아당기면 그대로 열린다.
동주는 현관문 열리자마자 후다닥 안으로 뛰어 들어간다.
동주가 아무렇게나 벗어 놓은 신발을 옥주가 한쪽으로
정리하며,
자신의 신발도 그 옆으로 벗는다.

5. 집 안 / 오후

옥주가 박스를 들고 2층 계단을 오르락내리락하며,
짐 정리를 하고 있고,
동주는 1층 거실에서 영묵의 도자기들 만지고 있다.

계단 위, 짐 박스를 든 옥주가 동주에게 한 소리 한다.

      옥주   마음대로 만지지 마.

동주는 옥주의 말에도 아랑곳 않고 영묵의 도자기 만진다.
옥주는 말을 말자 하는 얼굴로 다시 계단 오른다.   17

5-1. 옥주 방 / 오후

2층 복도에 쌓여 있는 옥주의 짐들.
옥주가 책상에 문제집, 화장품들... 올려놓으면
책상 위로 할머니가 쓰던 실뭉치 보인다.
잠깐 만져 보고 있으면,
짐 박스를 든 동주가 방 안으로 들어온다.

      옥주   놀지 말고 얼른 정리해.
      동주   누나 나도 이 방 쓸래.

옥주	다른 방 써.
동주	아 싫어~. 나는.
옥주	여기 내 방이야. 이 방 내가 먼저
	집 놔뒀잖아. 나가.
동주	누나도 허락 안 받았으면서.

옥주가 동주 못 들어오게 밀면,
동주 옥주에 떠밀려 나간다.
옥주 실타래 다시 책상 위에 얹어 놓고는
조심스럽게 책상 서랍 열어 본다.

18

6. 현관 앞 / 저녁 (실내)

병기가 영묵을 부축해서 집으로 들어간다.
병기가 문을 열어 달라고 현관문을 두드리면
옥주가 현관문을 열어주려고 하는데,
현관문을 어떻게 열어야 할지 몰라서
잠금장치를 푸느라 애를 먹는다.

옥주	안녕하세요.

동주는 옥주 뒤에 숨어서 몸을 배배 꼬며 웃는다.
어색해하는 기색이 드러난다.

병기   더운데 현관 문 열어 놓지. 조심하세요.

병기가 영묵의 신발을 벗겨 거실로 들어가고,
옥주와 동주가 엉거주춤 자리 비켜 준다.

7. 주방 / 저녁 (실내)

병기가 냉장고를 살펴보고,
찬장들 둘러보며 휴대폰으로 전화를 건다.

병기   안녕하세요. 네... 저 병긴데요.   19
                지금 배달될까요?
                안 되면 제가 가지러 갈게요~.

8. 주방 / 저녁 (실내)

주방, 식탁에 둘러앉은 가족.
식탁에 놓인 의자 세 개.

병기가 자리에 앉으면
옥주가 그제야 젓가락 든다.
옥주가 젓가락 들자, 동주도 젓가락 든다.

병기　　　먹자. 먹자.

　　　　　다 불었겠다. 먼저 먹지. 왜 기다리고 있어.

병기가 힐긋 영묵의 눈치 한 번 살핀다.
별 대화 없이 국수 먹는 소리만 들리고,
영묵도 잘 움직이지 않는 손으로 콩 국물을 떠먹는다.

병기　　　... 애들 방학 때까지만 좀 있을게요.

　　　　　진작 들여다봤어야 하는데 죄송해요.

병기가 영묵의 눈치 살핀다.

20

영묵　　　(고개 끄덕거리는) 그래라. 좋을 대로 해.

병기 영묵의 의외의 대답에
약간 놀라는 눈치다.

병기　　　네네. 아버지도 애들 보고 싶으셨죠?

옥주가 국수 먹다가 병기 빤히 본다.

9. 안방 / 밤 (실내)

영묵의 앞으로 돌아가는 선풍기,
영묵이 안방에 누워서 자고 있고,
동주 그 아래께에 앉아 텔레비전을 보고 있다.
동주, 피곤한지 하품을 하며 병기에게 기댄다.

>   병기   피곤하면 가서 자.
>   동주   나 어디서 자? 내 방도 없는데...
>   병기   아빠 옆에서 자.

동주가 간간이 코를 고는 영묵을 보곤 어색하게 고개 젓는다.

>   병기   아니면 누나랑 같이 자든가.
>   동주   누나가 거기 자기 방이라고 못 들어가게 해.
>   병기   거기가 무슨 누나 방이야. 같이 쓰자고 해.

병기가 등 떠밀면 동주가 베개 챙겨 들고 일어나서는
나가다가 다시 안방으로 고개 들이민다.

>   동주   아빠 그냥 나 자고 싶은 방에서 잔다.
>   병기   마음대로 해.

10. 다용도실 / 밤 (실내)

동주가 이불을 들고 다용도실로 들어간다.
전등 스위치도 어디 있는지 헷갈려서 간신히 불을 켠다.
불 켜고 방문 열면, 잘 만한 공간도 없는
짐이 잔뜩이다.
동주가 다용도실에 어떻게든 누워 보려고 하다가
결국 다용도실 나간다.

11. 옥주 방 / 밤 (실내)

22

옥주가 방에 모기장을 설치하고 있다.
동주가 옥주가 모기장을 설치하는 것을 거든다.

모기장이 설치되고, 옥주가 모기장 안으로 들어가서
자려고 하면
동주도 따라 들어가려고 한다.

옥주 야 밖에 누워.
동주 왜. 나도 모기장 안에서 잘래.
옥주 이거 내가 집에서 가져온 거니까 내 꺼지.
동주 그럼 나 혼자 모기 다 물려?

옥주 대답 없이 방 불 끄고 자리에 눕는다.

동주가 짜증 난다는 듯 옥주 보다가

선풍기를 자기 쪽으로 고정한다.

옥주	뭐 해.
동주	선풍기는 바깥에 있으니깐 내 꺼잖아.
옥주	야. 다시 돌려놔라.
동주	싫어.

동주가 끝까지 선풍기를 자기 쪽으로 고정시켜 놓고는

방 밖에 대 자로 눕는다.

옥주 왜 굳이 여기 와서 자는데.

동주는 옥주의 말 안 들리는 척 눈 감는다.

옥주도 더 입씨름하기가 싫은 듯 돌아눕는다.

12. 방사선과 복도 / 낮 (실내)

미정이 병원 안으로 들어오다가 영묵과 병기 앉아 있는 것

발견한다.

미정이 영묵을 본다.

미정	아빠. 머리는 좀 어때. 괜찮아?

영묵이 고개 끄덕인다.

미정	CT 찍었어?
병기	응. 걱정하지 마. 요새 날이 워낙 더우니깐. 젊은 사람들도 다 더위 먹잖아.
미정	CT 결과는 언제 나온대?
병기	걱정하지 마~. 나도 요번에 일하는데 막 휘청휘청 하더라고.
미정	아빠. 괜찮지?

24

미정의 말에 영묵이 고개를 끄덕거린다.

13. 병원 앞 / 낮 (실외)

병원 입구 앞, 병기가 영묵을 다마스에 태운다.
뒷좌석에 실린 짐들을 병기가 트렁크에 옮기고
트렁크 문 닫는데,
미정이 병기 잡아끈다.

미정	... 오빠, 아빠 좀 이상하지 않아?
병기	그치... 좀 안 좋은 거 같지.

미정	분위기가 좀 달라... 아빠 혼자 있어도 괜찮을까?
병기	걱정하지 마. 내가 당분간 집에 들어가서 아버지 볼 거야~.
미정	(의외라는 듯)... 아빠가 괜찮대?
병기	... 응. 애들도 오랜만에 보고 좋아하시는 거 같더라.
미정	... 별일이네. 아예 안 볼 거처럼 하더니.
병기	병원도 내가 모시고 왔잖아~. 얼른 타자~ 아버지 뭔 일 있나 하겠다.
미정	오빠 그럼 아빠 집에 아예 들어간 거야?
병기	아니야. 잠깐 있는 거야~. 오래도 못 있어. 애들 개학하기 전에 다시 옮겨야 하는데. 뭘.

25

병기가 운전석에 타면, 미정 조금 찜찜한 얼굴로
뒷좌석 문 연다.

14-1. 거실 / 오후 (실내)

무료하게 방에 앉아 창밖 내다보던 옥주가
방 밖으로 나간다.

14-2. 마당 / 오후 (실외)

옥주가 영묵 슬리퍼 신고 마당 나가면,
동주가 영묵의 돋보기로 식물 태우려고 하고 있다.

옥주   야. 너 뭐해. 이상한 거 좀 하지 마.

동주 아랑곳 않고 작물에 돋보기로 장난치면
옥주, 창고 둘러보다가 자전거 만진다.
바람이 빠졌는지 상태가 괜찮은지 살피고 자전거 끌어 본다.

동주   누나 어디 가? 같이 가.

15. 자전거 공원 / 오후 (실외)

옥주가 언덕을 자전거로 올라가 보려고 돌면
옆에서 동주가 옥주의 자전거 앞을 가로막으며 방해한다.

옥주   나와. 너.
동주   누나 나도 타 볼래.
옥주   넌 다리 안 닿아서 올라가지도 못해.

옥주가 자전거를 타고 빙글빙글 돈다.

16. 현관 앞 / 저녁 (실외)

미정이 영묵 부축하고,
영묵 조심스럽게 한 걸음씩 뗀다.
병기가 당면과 야채가 든 비닐봉투 들고는 마당으로
들어온다.

> 병기　　아직, 정리 안 돼서 좀 어수선해.
> 미정　　짐이 많아?
> 병기　　(능청스럽게) 아니야~. 다 오래 쓴 거라.
> 　　　　거의 다 버리고 왔어.

열려 있는 현관문, 옥주와 동주가 현관문 앞으로 나온다.

> 병기　　동주야, 옥주야~~! 고모 왔다.
> 옥주　　고모? 왔어?

동주가 옥주의 고모 소리에 안방에서 뛰어나온다.

> 미정　　잘 있었어?
> 병기　　들어가자~.

17. 주방 / 저녁 (실내)

미정이 당면을 삶고, 시금치를 삶는다.
투명 볼에 비닐장갑을 끼고 잡채를 버무린다.

> 옥주   뭐 도와줘?
> 미정   간만 좀 봐줘.

미정이 옥주의 입에 잡채 조금 넣어 준다.
한입에 쏙 들어가지 않고, 잡채 삐져나온다.
옥주가 손으로 받쳐 잡채 먹는다.

> 옥주   맛있어.
> 미정   괜찮아?

미정도 잡채 입에 넣어 먹어 본다. 옆에 있던 동주도
입 벌리면,
미정이 동주의 입에도 잡채 넣어 준다.

18. 거실 / 저녁 (실내)

미정이 접시에 놓인 조기의 가시를 능숙하게 분리한다.
간단하게 올려진 병맥주.

동주	나도 해 볼래.
미정	해 볼래? 여기 가운데를 손으로 꾹꾹 눌러서
	공간이 생기면 젓가락으로 이걸 빼내는 거야.

동주가 마치 장난이라도 치듯 조기를 손으로 잡고,
따라 한다.

미정	(조기 발라주며) 오빠. 우리가 마지막으로
	봤던 게 지난 번 추석인가?
병기	아니야. 나 그때 중국 가 있었을 때인데...
미정	그럼 언제 봤었지?
옥주	수원에서 진형 삼촌 결혼할 때.
	거기 결혼식장에서 봤잖아.
미정	맞네. 거기서 봤네.
	그때 거기 식구들 차 막힌다고 늦어서
	오빠가 축의금 받아 줬잖아.
병기	그랬지. 그거 하고 사례라도 좀 할 줄
	알았더니.
	정신없어서 그냥 넘어가더라.
미정	오빠가 축의금 봉투에서 알아서 좀 챙기지
	그랬어.
병기	정신없으니깐 그랬겠지. 그래도 진형이가
	경우는 있잖아. 그리슨가? 거기로 신혼여행
	갔다 왔다고 따로 비누 챙겨주더라.

29

미정	그거 나도 받았는데?
병기	아씨. 그래? 나만 받은 줄 알았더니.
동주	고모, 나 다음에 고모 집 놀러 갈래~.
미정	놀러 와. 맛있는 거 해 줄게.
병기	너 저녁 먹고 들어간다고 전서방한테 말했어?
미정	뭐 그런 걸 일일이 보고해. 내가 다 알아서 해.
동주	고모 그냥 여기서 자고 가.
미정	그럴까?

30   동주가 신나 한다.
영묵이 밥을 먹고 있는데,
손에 힘이 없어 보인다.

영묵을 본 미정이 밥그릇에 조기 살을 올려 준다.

미정   아빠 천천히 먹어.

19. 2층 테라스 / 저녁 (실외)

미정이 숨겨 놓은 담배를 가져와
앉고는 담배를 피운다.

미정	오빠, 진형이 얼마 전에 이혼했대.
병기	진짜? 이혼했대?
미정	응.
병기	잘 사는 줄 알았는데.
미정	다 쇼윈도지. 뭐.
	나는 걔네 좀 불안 불안했어.
병기	왜.
미정	그때 식장에서도 왜.
	새우였나? 초밥 상한 거 나왔었잖아.
	그거 먹을 때 왠지 촉이...

병기 피식 웃고, 미정도 따라 웃는다.

미정	오빠 당분간 나도 들어와서 같이 지낼까?
병기	왜.
미정	아니. 아빠도 아직 안 좋고. 애들도
	방학이라 손이 많이 갈 거고...
병기	나야 좋은데, 전서방이 좋아하겠어?
미정	(장난치는) 자꾸 왜 걔 걱정을 해. 내가
	하고 싶으면 하는 거지. 걔가 무슨 상관이야.

20. 다마스 안 / 오후 (실내)

한적한 공터, 병기가 다마스 운전석 안에서 녹음기에 대고
녹음을 해보고 있다.

　　　　　병기　　　브랜드 운동화를 저렴한 가격으로
　　　　　　　　　　판매하고 있습니다.

어색해서 목소리가 잘 나오지 않는지
멘트를 바꿔 다시 녹음해 본다.

32

　　　　　병기　　　브랜드 운동화를 다시 만나지 못할
　　　　　　　　　　가격으로 판매합니다.

21. 거리 / 오후 (실외)

신발을 파는 병기의 앞으로 고시생 같은 남자가 다가온다.
관심 있는 듯 운동화들을 둘러본다.

　　　　　남자　　　아저씨 이거 정품이에요?
　　　　　병기　　　... 네. 택만 없다 뿐이지. 만드는 공장은
　　　　　　　　　　똑같은 데예요.

손님은 병기의 말에 신발 밑창과 안쪽 라벨을 의심스러운
얼굴로 요모조모 살펴본다.

22. 미정 친구 집 / 오후 (실내)

미정의 캐리어와 짐 가방이 방 한쪽 구석에 놓여 있고,
미정이 바닥에 앉아 가방에 짐들을 넣고 있다.
친구는 미정에게 칫솔 가져다준다.

      미정 친구 이거 너 잊을 뻔했지.

      미정   아. 고마워... 신세만 지고 가네.   33

      미정 친구 며칠 더 있어도 돼.

      미정   아니야~ 들어가야지.

23. 대문 앞 / 오후(변경가능) (실외)

캐리어를 끈 미정이 집 앞에서 초인종을 누른다.

      미정   나야~.

대문이 열리고, 안으로 들어간다.

24. 옥주 방 / 저녁(변경가능) (실내)

젖은 머리의 미정이 옥주 방 책상 위에 짐을 푼다.
옥주가 책상 위에 올려놓은 자신의 짐들 한쪽으로 밀면
미정이 그 옆으로 자신의 짐 풀어놓는다.

미정   너 고모랑 같은 방 써도 돼? 불편하지.

옥주   아니야. 원래 여기가 고모 방이었잖아.

미정   나 여기서 나간 지 이십 년 됐는데,
                 주인이라고 할 수가 있나.
                 모기장까지 쳤어?

옥주   응. 고모도 들어와서 자.

34

옥주가 모기장을 걷는다.

미정   고마워.

25. 2층 테라스 / 저녁 (실내)

미정이 바람을 쐬러 나온 듯,
테라스로 나와 바깥 둘러본다.

담배 꺼내 불 붙이면, 영묵의 오래된 재떨이 보인다.

26. 옥주 방 / 저녁 (실내)

깜깜한 밤, 옥주가 잠을 자고 있는데,
옥주의 핸드폰 벨이 울린다.
옥주가 바로 듣지 못하고 자다가 핸드폰 보면 고모라고 떠 있다.

옥주가 전화를 받는다.

      옥주   (목소리 잠긴) 고모, 어디야?

27. 현관 앞 / 밤 (실내)

가족들이 모두 잠든 거실,
옥주가 대문 문 열고 들어온다.
대문 닫히는 소리 들리고, 미정이 들어온다.
미정의 손에 들려 있는 편의점 검정 비닐봉지.
그 옆으로는 캔 맥주에 빨대가 꽂혀 있다.
옥주가 그걸 보고 피식 웃는다.

28. 옥주 방 / 밤 (실내)

미정이 비닐봉지 내려놓고,

옥주가 모기장 안으로 다시 들어간다.

옥주   고모, 무슨 일 있어?

미정   아니 잠이 안 와서, 바람 좀 쐬고 왔는데

                너까지 전화 안 받았으면 하마터면

                가족들 다 깨울 뻔 했어.

미정도 모기장 안으로 다시 들어가며 키득거린다.

미정   이러니깐 우리 무슨 수련회 온 거

                같지 않냐?

36

미정의 말에 키득거리며 옥주가 웃는다.

옥주   응.

미정   선생님 오면 자는 척하고.

미정이 옥주한테 입으로 바람 분다.

미정   나한테 맥주 냄새 나지?

옥주   (웃는) 하지 마~.

29. 욕실 / 오전 (실내)

세면대 위, 옥주가 방수 팩에 담긴 개인용 바디워시며
폼 클렌징을 꺼내 놓고 세수를 하고 있다.
젖은 얼굴의 옥주, 거울로 자신의 얼굴 들여다본다.

옥주가 머리를 드라이기로 말린다.

<blockquote>

동주   누나 나 화장실 갈래.

</blockquote>

옥주 드라이기 끈다.

<blockquote>

옥주   야.

동주   왜.

옥주   야. 나 어디 고치면 더 예쁠 거 같아?

동주   ... 몰라. 나와.

옥주   아. 얘기 해봐.

동주   안 해도 돼.

옥주   그니깐 해야 하면 어디 해야 할 거 같냐고.

</blockquote>

동주가 나름대로 고심하는 얼굴로 옥주를 보다가 대답한다.

<blockquote>

동주   ...눈.

옥주   그래? 눈 하면 더 나을 거 같지?

</blockquote>

동주   응.

옥주 멈칫하다가 다시 거울 본다.

옥주   ... 마당 가서 싸. 나 머리 말려야 돼.

옥주는 다시 드라이기로 머리를 말리는데,
내심 동주의 말이 신경 쓰이는 눈치다.
동주는 자기가 먼저 물어봐 놓고 하는 얼굴로
어이없어한다.

38   동주   아 뭐야.

30. 2층 복도 / 낮 (실내)

옥주가 미싱대에 앉아 선풍기를 쐬고 있다.
동주는 2층 올라가려고 계단에 서 있는데,
옥주가 계단에 달린 문을 잠가놔서 올라가지 못하고,
계단 문 잡아 흔든다.
열릴 듯 말 듯 덜컹거리는 문.

문이 흔들리는 소리를 들으며,
옥주가 경빈과 통화를 하고 있다.

경빈이 장난을 치는지 옥주가 간간이 웃음을 터뜨린다.

31. 다용도실 / 오후 (실내)

담금주의 날짜를 확인하고, 냄새를 맡아 보는
미정의 옆으로 동주가 짜증 난 듯 뛰어온다.

> 동주　　고모. 누나 짜증 나.
> 　　　　가서 뭐라고 좀 해 줘. 2층이 지 꺼도 아닌데.
> 　　　　지 맘대로 쓰지 말래.
> 미정　　누나가 혼자 있고 싶은가 보지.
> 　　　　너 심심하면 가서 할아버지한테
> 　　　　말 걸어 드려.
> 동주　　할아버지는 내 말 이해 못해.
> 미정　　아니야, 할아버지 말 많이 걸어 드리면
> 　　　　좋아하실 거야.

미정이 담금주 하나 뚜껑 열어서 냄새 맡아 본다.
동주가 미정의 말에 이상한 표정 지으며 서 있다.

> 동주　　　할아버지랑 무슨 얘기를 해?

미정도 뚜껑을 다시 닫으며 무슨 말을 걸어야 할지

조금 난처한 표정 짓는다.

>   미정   뭐 덥진 않으신지, 오늘 너는 뭐가
>   재밌었는지 이런 거 얘기해 봐.

동주가 거실로 뛰어나오면,
방충망 너머 마당에 나와서 텃밭에 물을 주고 있는 영묵 보인다.
방충망 사이로 동주가 큰 몸짓으로 손 흔든다.
영묵이 동주 보고는 손 흔들어 준다.

32. 슈퍼 앞 / 밤 (실외)

병기가 슈퍼에서 오징어와 캔 맥주를 꺼내 온다.

>   병기   맥주 엄청 시원하다. 봐봐.

미정이 맥주 만져 본다.
미정이 오징어 뜯는다.

>   미정   그렇네.

병기가 슈퍼에서 버너 갖고 온다.
부탄가스가 잘 나오지 않는지 부탄가스를 흔들어 본다.

병기	기다려 봐. 가스도 좀 얻어 올게.

가스 새로 얻어 온 병기가 버너 위에 오징어 굽는다.

미정	오빠 진짜 뻔뻔한 거 같아.
병기	내가 뭐가 뻔뻔하냐.
미정	대단해. 진짜.

미정이 오징어 뜯으며 피식 웃는다.

미정	맞다. 다음 주 아빠 생일인 거 알지?
병기	뭐라도 해드려야 하나.
미정	현금 드려봐야 쓸 데도 없을 거고.
	우리끼리 조촐하게 챙기지 뭐.
병기	그래~.

41

33. 옥주 방 / 밤 (실내)

고함 소리가 집 안을 크게 울린다.
방에서 자던 옥주가 고함 소리에 잠에서 깬다.

34. 거실 / 밤 (실내)

옥주가 2층 계단 내려오면, 동주는 이미 방충망 통해
내다 보려고 구경 중이다.
대문을 두드리는 소리와 고함 소리, 다투는 소리가 들린다.
옥주와 동주는 거실에서 무슨 일인가 싶어 창 쪽에 서 있지만
소리만 들릴 뿐 정확한 상황은 알 수 없다.
미정의 목소리 그리고 술에 취한 남자의 목소리,
병기도 밖에 있는 듯.
일단 가라고 하며 타이르듯 말리는 소리가 들린다.

42

　　　　선호(V.O) 아 그거 잃어버린 건 잘못했다니깐.
　　　　　　　　 근데 진짜 아니야.
　　　　미정(V.O) 야. 웃겨. 네가 무슨 낯짝으로 여길 와.

고함 소리에 근처에서 기르는 개도 덩달아 짖는다.

　　　　선호(V.O) 내가 못 올 데 왔냐? 내가 왜. 뭐.
　　　　병기(V.O) 늦었으니깐 들어와서 얘기해.
　　　　미정(V.O) 뭘 들어와. 진짜 이 뻔뻔한 새끼 말하는 거 봐.
　　　　　　　　 적당히 해. 너도 양심이 좀 있어라.
　　　　　　　　 지금까지 너 같은 놈하고 같이 살아준
　　　　　　　　 것만으로도 고마운 줄 알아.

안방 문이 열리는 소리가 들리고, 옥주 동주 당황해서 서 있다.
옥주가 영묵에게 가서 별일 아니라고 설명한다.

옥주   할아버지. 주무세요.

                고모랑 아빠도 곧 들어오신대요.

34-1. 안방 / 밤 (실내)

옥주가 영묵 안방으로 데려가서
영묵 이부자리에 눕는 거 도와준다.

43

옥주, 영묵이 눈감고 눕자 영묵 앞에
앉아 잠시 영묵 본다.

      미정(V.O) 옥주야, 동주야! 소금 갖고 와.

잠시 후 동주가 안방 안으로 들어온다.

동주   누나. 고모가 소금 달래.

34-2. 주방 / 밤 (실내)

옥주가 찬장에서 소금 봉지 꺼내 동주에게 건넨다.

옥주   고모 갖다줘.

동주 소금 받아 들어 밖으로 나간다.

35. 마당 / 밤 (실외)

44

열린 대문 사이로 미정이 동주 본다.
동주가 장난인가 싶어 긴가민가한 얼굴로 서 있으면 미정이
재차 얘기한다.

36. 대문 앞 / 밤 (실외)

동주가 대문 앞에 소금 들고 가서 서 있으면
미정이 주방에서 가져온 굵은 소금을 집 앞에 뿌리고,
선호와 병기는 슈퍼 옆에서 옥신각신한다.

병기   가서 얘기하자니깐~.
선호   아니요. 형님. 저 진짜 얘기 잠깐만 하고

갈게요.

미정은 선호 쪽으로는 고개도 돌리지 않고 소금 뿌린다.

36-1. 거실 / 밤 (실내)

옥주, 소금 뿌리고 있는 미정과 그 뒤로 쭈뼛거리며
서 있는 동주를 보다가,
 2층으로 올라간다.

37. 2층 테라스 / 밤 (실내)

미정, 2층 테라스에 숨겨 둔 담배 꺼내 담배를 피운다.
병기가 2층으로 올라와 미정의 옆에 앉는다.

병기	잘 보냈어. ... 무슨 일이야?
미정	제정신이야. 진짜? 요괴 같애.
	나 괴롭히려고 태어난 요괴.
병기	나한테 미리 얘기를 하지.
미정	아 쪽팔려 진짜.
병기	뭘 그런 게 다 쪽팔리냐. 그럼 나는.
	얼굴 들고 어떻게 살아.

미정	...
병기	너 아예 짐 싸 갖고 나온 거야?
미정	응. 이제 같이 안 살아.
병기	후회할 짓 하지 말고, 잘 생각해.
미정	... 후회? 아냐 오빠. 난 이혼할 생각하니깐 마음이 설레. 우리 사이에 애가 없는 게 축복이야.

37-1. 옥주 방 / 밤 (실내)

46

창문 너머로 대화를 나누는 병기와 미정의 목소리가
언뜻언뜻 들리고,
옥주가 모기장 안에 가만히 누워 얘기를 듣다가
피식 웃는다.

38. 원단 거리 / 오후 (실외)

소규모 원단 매장 앞, 직원이 원단들을 갖고 나온다.
미싱사, 오바사, 시다 구함. 전단이 벽에 붙어 있다.

병기	오바사는 얼마나 벌어요?
직원	오바사요? 하시게요?

병기	아니~. 그냥 궁금해서요.
직원	하려면 시다부터 하면서 배워야 되는데...
	이런 것도 손재주 좋아야 돼요.
병기	저희 엄마가 옛날에 이런 거 했었거든요.
	손재주는 괜찮은데~. 모르겠네. 잘할라나.

직원, 병기의 말을 농담처럼 듣고 웃는다.

직원이 다마스에 원단을 실으려고 보면
신발 박스들이 한 켠에 잔뜩 실려 있다.

직원	아니, 여기 신발들이 왜 이렇게 많아요?	47
	넣을 데도 없겠네.	
병기	트렁크 말고 뒤쪽으로 실으면 돼요.	
	신발 이쁜 거 많으니깐 필요하면 얘기해요.	
	싸게 줄게~.	

39. 2층 테라스 / 낮 (실내)

옥주와 미정이 건조대에 속옷들을 널고 있다.
동주가 2층 계단에서 올라오지 못하고 서 있다.

미정	동주야. 왜 그러고 서 있어?

옥주	2층은 내 구역이라 쟤 2층 못 올라와.
미정	너 왜 이렇게 유치하냐 진짜.
옥주	고모, 내가 유치한 게 아니라 쟤가
	유치한 거야.

미정이 옷 빨랫줄에 넌다.

미정	옥주야, 넌 진짜 좋은 남자 만나.
	남자 잘 만나야 돼.... 내가 이런 얘기
	하니깐 좀 웃긴가?
옥주	안 웃겨.

48

동주가 2층에 물 뿌린다.

40. 마당 / 낮 (실내)

2층 계단 뛰어 내려간 동주가 거실 가로질러 나가,
마당에 가서 호스 잡고 물 뿌린다.

40-1. 2층 복도 / 낮 (실내)

테라스로 물 뿌려지는 거 보고, 옥주가 테라스로 나간다.

　　　　옥주　　　야. 너 뭐해!

동주가 옥주에게 물 뿌리려고, 물 겨누면
옥주가 동주 잡으려고, 2층 계단 아래로 내려간다.

40. 마당 / 낮 (실외) 삭제

41. 자유 공원 / 오후 (실외)

경빈이 옥주의 허리를 잡아 철봉에 매달리는 것을 도와주며
장난을 치고 있다.
옥주가 턱걸이로 철봉에 매달려 보려고 애쓰지만
경빈이 잡아당겨 이내 떨어진다.
옥주가 철봉에서 떨어진 뒤 옥주가 경빈 잡으려고 하고,
경빈은 피하며 뛴다.

Cut to ≫

옥주와 경빈이 벤치에 앉아 있다.
옥주가 가방에서 신발 박스 꺼내 경빈에게 내민다.

　　　　경빈　　　어? 이거 뭐야?

옥주	선물. 265 맞지? 저번에 내가 생일 못 챙겼잖아.
경빈	야. 이런 거 안 줘도 되는데.
옥주	신어 봐.

경빈이 신고 있던 삼선 슬리퍼 벗어
흰색 나이키 운동화 신어 본다.
발에 잘 맞는다.

옥주	이쁘다.

50

42. 욕실 / 오후(변경가능) (실내)

병기가 영묵의 머리를 감기고 있으면,
미정이 영묵의 옷을 챙겨 와서 세탁기 위에 올려놓고는
병기에게 말을 건다.

미정	나와 봐. 왜 이렇게 어설프냐. 오빠. 자세가 불편하잖아.

병기 옆으로 비켜서면 미정이 영묵의 머리를
억척스럽다 싶을 정도로 박박 감기다가
잘하지? 하는 얼굴로 병기 본다.

미정   아빠 내가 하는 게 더 낫지?

43. 거실 / 저녁 (실내)

소파에 앉아 있는 병기가 안방 보면, 영묵이 잠들어 있다.
거실 보면 동주가 대 자로 비슷하게 뻗어 있다.
병기가 동주 빤히 보다가 동주 깨운다.
여덟 시 반을 가리키는 시계.

병기   동주야. 안 일어나? 학교 가야지.

동주가 비몽사몽 자다가 병기의 학교 안 가냐는 말에
화들짝 일어나서, 시계 본다.

동주   몇 시야. 왜 이제 깨웠어.

동주 거의 비몽사몽 당황해선 욕실로 후다닥 들어간다.
머리에 거품 묻힌 동주가 억울한 얼굴로 다시 거실로 나온다.

동주   나 방학이잖아.

병기가 동주 보며 낄낄거린다.

44. 옥주 방 / 오전 (실내)

옥주가 문제집 풀다가 문득 탁상 거울 들어
얼굴을 살펴본다.
눈이 마음에 들지 않는 듯 이리저리 거울로
자신의 얼굴을 비춰 본다.

45. 거실 / 오전 (실내)

옥주가 2층 계단에서 내려오면
거실 소파에 병기가 앉아 굴삭기 문제집 풀고 있다.

동주가 문제를 불러 준다.

옥주   ... 아빠.

병기   왜.

옥주   야. 너 저리로 좀 가.

동주   왜.

옥주   가. 가서 딴 데서 놀고 와.

동주가 투덜거리며 자리에서 일어나 안방으로 간다.

병기   무슨 일인데.

옥주   ... 아빠. 우리 집 돈 얼마나 있어?

병기   왜? 걱정 안 해도 돼.

옥주   혹시 나 돈 좀 빌려줄 수 있어?

병기   얼마나.

옥주   ... 한 칠십만 원? ... 내가 꼭 갚을게!

병기   네가 칠십이 무슨 일로 필요해?

옥주   ...

병기   너 무슨 일 있어? 얘기해 봐. 들어 보고
         필요한 거 같으면 줄게.

옥주   ... 나... 쌍꺼풀 하고 싶어서.

안방으로 들어간 줄 알았던 동주가 거실로 고개 내민다.   53

동주   누나 진짜 철없다.

옥주   야. 이동주 너 끼어들지 마. 들어 가.

병기   안 해도 돼. 너 지금도 예뻐.

옥주   달라는 거 아니고 빌려 달라는 거야.
         내가 알바해서 갚을게.

병기   돈이 문제가 아니라... 왜 돈 내고 얼굴에
         손을 대냐. 자연스러운 게 제일
         매력적인 거야.
         (굴삭기 문제집 보며) ... 이게 좀 헷갈리네.

옥주   ...

병기 다시 굴삭기 문제집으로 시선 내리면,

옥주 병기 보다가 시선 거둔다.

> 병기　　안 해도 돼. 지금이 제일 예뻐.
>
> 옥주　　...

46. 병원 앞 / 낮 (실외)

병기가 영묵을 부축하며 주차장 쪽으로 걷는다.

미정이 그 옆으로 서서 영묵에게 말을 건다.

54

> 미정　　수납 안 해도 괜찮아? 내가 해도 되는데.
>
> 병기　　걱정하지 마. 카드 안가지고 와서 그래.
>
> 　　　　내가 내일 계좌이체할 거야~.
>
> 미정　　괜찮지?
>
> 병기　　네 걱정이나 해~.

47. 안방 / 오후(혹은 밤) (실내)

간만에 외출이라 피곤했는지 영묵이 안방에 모로 누워

잠들어 있다.

간간이 코를 골기도 한다.

48. 주방, 거실 / 밤 (실내)

전등이 꺼진 깜깜한 거실,
주방 쪽에서 가족들이 작전 회의라도 하듯 서 있다.

> 병기　　옥주, 네가 고깔 쓰고 케이크 들고 들어 와.
> 옥주　　싫어. 동주 시켜.
> 병기　　동주가 들고 가다가 엎으면 어떡해.
> 동주　　아빠 나 폭죽 터뜨릴래.　　　　　　55
> 병기　　안 돼. 할아버지 놀래. 폭죽 줘.

동주가 배실배실 웃는다.

> 미정　　동주 네가 케이크 들어.
> 　　　　내가 아빠 데리고 나올게. 촛불 불 붙여.

촛불이 일렁인다.

미정이 영묵의 눈을 손으로 가리고, 거실로 온다.

> 미정　　아빠 눈 뜨지 마. 조심해, 조심.

미정이 영묵의 눈 가리고 자리로 오면,
동주가 케이크 들고 들어온다.

가족들이 생일 축하 노래 부른다.
옥주는 생일 축하 노래를 부르는 게 어색한 지
작게 따라 부른다.

영묵도 기분이 좋은지 웃으며 박수 친다.

         미정   아빠 소원 빌어.

56   영묵이 촛불을 못 끄자, 동주가 얼굴 갖다 대고 후 불어
꺼 버린다.
어두워지는 거실.

미정이 거실 불 켜면, 거실 불 켜진다.
옥주가 작게 포장한 선물 영묵에게 건넨다.

         미정   오 뭐야. 옥주가 선물 사 왔네. 아빠 봐봐.
                   뜯어봐도 돼?
         옥주   응.

선물 뜯어보면, 박스 안에 중절모처럼 생긴 밀짚모자가
들어 있다.

미정   아빠 써 봐.

미정이 영묵에게 밀짚모자 씌워 준다.

병기   잘 어울린다.
미정   응. 그치.
동주   아빠 나도 생일 땡겨서 선물 받으면 안 돼?
            아니. 생일이랑 크리스마스랑 어린이날이랑
            다 합쳐서.
병기   뭐 받고 싶은데.
동주   스마트폰.
병기   춤 한 번 춰 봐. 그러면 생각해 볼게.   57

병기의 말이 끝나기가 무섭게 일어나서 동주가 막춤 춘다.
가족들 웃음 터지고, 영묵도 기분이 좋은지
허허거리며 웃는다.
옥주는 못마땅한 얼굴로 동주 본다.

49. 주방 / 밤 (실내)

병기와 미정이 생일상 설거지를 하고 있고,
옥주가 식탁 위에 있는 그릇들을 설거지통에 넣어 준다.
주방에 걸린 시계 보면 아홉 시 가리키고 있다.

병기가 시계 보며 피식 웃는다.

옥주	(의아한) 왜?
병기	아니. 아빠가 옛날에 거실에서 자고 있는데, 할아버지가 나를 여덟 시 반에 깨운 거야. 학교가 멀어서 그때 일어나면 지각인데, 내가 막 잉잉거리면서 씻고 책가방 메고 나와 보니깐 아침이 아니라 밤인 거야.
미정	아빠가 오빠 속인 거야?
병기	응. 웃기지 않냐? 평소엔 그런 장난도 안치다가 뜬금없이 그런 장난을 치더라.
미정	그런 일이 다 있었어? 난 기억 안 나는데.
병기	넌 그때 병원에 있었을 걸. 그때가 엄마가 너 낳고 병원에 있었을 때일 거야. 나도 기억도 안 하고 있었는데 얼마 전에 갑자기 그때 꿈을 꿨는데, 웃기더라고. 그땐 그게 그렇게 세상 무너지는 일이었는데.

58

50. 욕실 / 밤 (실내)

문이 열린 욕실, 옥주가 거울을 보며 양치질을 하고 있다.

옥주가 입 헹구고는 그 와중에 자신의 눈을 살펴본다.
케이크 리본을 목에 건 동주가 욕실로 들어온다.

      동주   누나 나도 치약 짜 줘.

옥주가 동주의 칫솔에 치약 짜서 동주에게 건넨다.

      옥주   너는 뭐 그렇게까지 비굴하게 구냐?
      동주   내가 뭐.
      옥주   자존심 좀 지켜. 어차피 아빠
                  핸드폰 안 사줘.

옥주가 양치를 끝내고 욕실 문 나오자,
욕실로 들어간 동주가 옥주에게 한 마디 한다.

      동주   네가 더 비굴해.

동주, 말하고선 욕실 문 잠근다.

      옥주   야 너 뭐라 그랬어. 네가?
                  지금 너 나한테 네가 라고 했냐?

옥주가 욕실 문 열려고 하며, 문 쾅쾅 두드린다.

옥주	야. 너 진짜 안 나와?
	문 안 열어?
	하나, 둘, 셋, 안 나오지?
	너 진짜 나오기만 해 봐. 죽었어.

병기가 주방에서 나와서 옥주가 문 두드리는 상황 본다.

병기	손잡이는 살려줘라~
옥주	너 나오면 내가 가만 안 놔둘 테니깐 오늘
	거기서 자. 알았어?

60   짜증 난 옥주가 2층으로 올라간다.

51. 거실 / 밤 (실내)

동주가 당황해서 영묵 보다가 영묵의 옆에 앉는다.
멀뚱히 영묵의 옆에 앉아 영묵의 눈치를 살피던 동주는
자리에서 일어나 안방으로 들어간다.

52. 주방 / 오전 (실내)

미정이 소면 삶아서, 양념에 버무린다.

비빔 그릇 네 개에 담는다.

미정이 채칼로 오이를 썬다.

　　　미정　　　동주야 마당 가서 고추 좀 따와.

　　　동주　　　난 고추 넣는 거 싫은데.

　　　미정　　　그냥 장식만 하는 거야.

옆에서 고명으로 쓰고 남은 오이를 병기가

아삭 거리며 베어 먹고 있다.

53. 마당 / 오전 (실외)　　　　　　　　　

동주가 마당에서 고추를 따서 손에 한 움큼 쥐고

거실로 달려 들어간다.

54. 주방 / 오전 (실외)

동주가 고추 내밀고 그릇 받는다.

미정이 고추 받아서 씻어서 작게 잘라 소면 위에 올린다.

　　　동주　　　고모 내껀 빼 줘.

　　　미정　　　알았어. 다 됐으니깐 가서

누나 내려오라고 해.

동주   2층으로 가져가서 누나랑 먹을래.

미정   더워~.

동주   밖에서 먹으면 돼.

미정   알겠어. 그럼 위로 가져가서 먹어.

동주가 소면 두 그릇 들고 계단 위로 올라간다.

식탁에 놓인 국수 두 그릇.
병기와 미정이 국수 먹는다.

미정   맨날 투닥거려도 둘이 있으면 저런 게
          재미지. 그치.

병기   아버지 지금 안 깨워도 되나.

미정   아침이라 피곤한 거 같은데, 놔둬.
          소면이랑 양념 남겨 놨으니깐 이따 따로
          챙겨드리면 되지.

55. 옥주 방 / 오전 (실내)

옥주가 장롱 문을 열고 입을 옷이 없다는 듯
옷을 고르고 있으면
동주가 방문 연다.

옥주	왜.
동주	누나. 국수 먹자.

56. 2층 복도 / 오전 (실외)

동주와 옥주가 2층에서 재봉틀 테이블 위에
비빔국수 그릇 올려놓고 먹고 있다.

동주	누나.
옥주	왜.
동주	누나, 엄마가 보재.

옥주가 비빔국수 먹다 말고 동주 쳐다본다.

옥주	왜?
동주	뭐가 왜야. 방학했으니까 한 번 놀러 오래.
옥주	됐다 그래.
동주	나라도 본다. 그럼?
옥주	넌 자존심도 없냐?
	보러 오란다고 보러 가고 싶어?
동주	응.
옥주	저번에도 보자고 했다가 못 봤잖아.
동주	그땐 그때고...

옥주   얼마 되지도 않았는데, 뭐가 그땐 그때야.

57. 집 앞 / 밤 (실외)

백팩 멘 옥주가 병기의 다마스 운전석 문 연다.
차 시동 건 뒤 핸드폰 후레쉬로 차량 안 살펴보며,
신발 사이즈들 확인한다.

옥주, 신발 사이즈 보다가 신발 두 개 챙겨 백팩에 넣는다.
신발 박스 때문에 불룩해진 가방.

64

차 문 닫은 뒤, 옥주 대문 열려고 대문 앞에 서면
잠겨 있는 대문, 그제야 열쇠를 안 가지고 나온 걸 확인한다.
핸드폰 들고 어떻게 해야 할까 고민을 하며
담을 넘어볼 수 있나 주변 보면 너무 높아 보인다.
옥주 벨 누르면, 잠에서 막 깬 목소리의 동주가 인터폰 든다.

옥주   나야 문 열어.
동주   누나... 밖에서 뭐해?
옥주   조용하고. 빨리 문 열어.

대문 열리면, 옥주 가방 앞으로 고쳐 메며 마당 들어온다.
가방에서 신발 박스 꺼내서 마당 창고 안 쪽에 숨겨 놓고는 열린 현관으로 들어간다.

58. 마당 / 낮 (실외)

마당에서 영묵이 방울토마토를 따고 있고, 동주가 그 옆에서
방울토마토를 받고 있다.

캡 모자를 쓴 옥주가 가방을 메고 신발을 챙겨 신으며 거실을
나간다.

>   동주   누나 어디 가?
>   옥주   나 도서관.

옥주가 동주 흘깃 본다.

>   옥주   야. 젖잖아. 하지 마. 다녀오겠습니다.

옥주, 동주에게 짜증 낸다.

>   동주   누나. 이거 먹어.

동주가 옥주의 손에 방울토마토 한 줌 쥐어 준다.

옥주	이거 뭐 어떡하라고.

옥주, 말은 그렇게 하지만 방울토마토 손에 쥐고 나간다.

59. 지하철 역 안 / 오후 (실내)

옥주가 개찰구를 사이에 두고 어떤 남자와 뻘쭘하게 서 있다.
남자가 신발 모델명 살펴보려는 듯 신발 이리저리 뒤집어 본다.
개찰구 안에 서 있는 옥주가 초조한 얼굴로 남자 본다.

66

| 남자 | 죄송한데 오빠한테 연락 좀 해 보시면 |
| | 안 돼요? |

지하철을 타는 사람들이 옥주와 남자를 힐긋거린다.
신발 박스도 가방에서 꺼냈는지 허름해 보인다.

옥주	지금요?
남자	네. 새 건데 좀 찝찝해서요. 박스랑
	이런 데가 좀.
옥주	...안 신으실 거면 그냥 주세요.
	돈 돌려 드릴 테니깐.
남자	그러면 안 되죠. 저도 시간 내서 여기까지
	왔는데.

옥주   ...

남자   아니 오빠한테 전화로 확인만 하면
            되는데, 그게 어려워요?

옥주가 짜증 나서 개찰구 위로 돈 돌려주려고 하는데,
남자가 돈 받지 않는다.

남자   이게 다시 돈만 받는다고 해결될 일이
            아니죠.

옥주가 짜증 나서 몸을 휙 돌려 지하철 안으로 들어간다.

남자   저기요.

당황한 남자가 주머니 뒤지며 지갑 찾는다.

옥주 후다닥 안으로 내려간다.

60. 지하철 안 / 오후 (실내)

옥주가 지하철을 타고 짜증이 난 표정으로 앉아 있다.
옥주의 핸드폰으로 연신 전화가 울리는데,
옥주가 번호 확인하곤 핸드폰을 뒤집어 놓고 전화를 받지 않는다.

61. 경찰서 / 저녁 (실내)

옥주가 경찰서 로비에 앉아 있고,
병기가 남자와 함께 나온다.

> 남자   저도 이렇게까지 크게 만들고 싶지
>   않았는데.
> 병기   네네.
> 옥주   그니깐. 환불해 드린다고 했잖아요.
> 남자   지금 짝퉁 속여 팔려고 해 놓고,
>   이러면 안 되죠.
> 병기   죄송합니다. 옥주야, 너는 차에 가 있어.

병기가 옥주에게 차 키 건넨다.

> 옥주   왜.

옥주는 본인의 편을 들지 않는 병기를 분한 얼굴로 본다.

> 병기   가 있어.

옥주가 남자 노려보며 차에 탄다.

62. 다마스 안 / 저녁 (실내)

경찰서 주차장, 옥주가 차에 타 있고,
병기가 차에 탄다.

<blockquote>

병기   ... 아빠꺼라고 얘기하지.

옥주   ... 저 사람한테 얼마 물어줬어? 내가 갚을게.

병기   그 정도 아니야. 벨트 매.

</blockquote>

병기가 차 출발시키려고, 시동 건다.

<blockquote>

병기   돈 얼마 필요한데.   69

옥주   신경 쓰지 마.... 이제 알바할 거야.

</blockquote>

병기 옥주의 이야기에 아무 말 없이 차 출발시킨다.

63. 옥주 방 / 저녁 (실내)

옥주와 미정이 나란히 누워 있다.
보면 할머니 사진이 눈에 들어온다.

<blockquote>

옥주   고모.

미정   응.

</blockquote>

옥주	고모 아직도 할머니 보고 싶어?
미정	... 할머니 보고 싶지. 한 번씩 할머니 꿈도 꾸고 그래. 고모는 그게 꿈이 아니라 어렸을 때 기억인 줄 알았거든? 엄마가 갓난아기인 나를 안고 횡단보도를 막 뛰어가는 그 기억이 진짜 생생한데, 생각해 봐. 포대기에 쌓인 내가 보이는 거면 기억이 아니라 꿈인 거잖아.

70   미정이 피식 웃고, 옥주도 따라 피식 웃는다.

옥주	시간이 지나도 계속 할머니가 꿈에 나오는 게 신기해. 나는 꿈도 잘 안 꾸는데...
미정	신기할 게 뭐 있어. 그냥 보고 싶으니깐 꿈에 나오는 거겠지.
옥주	요즘도 꿈에 할머니가 나와?
미정	응. 잊을 만하면 한 번씩 꿈에 나오더라.
옥주	고모 나이가 돼도 그런 꿈 꾸는구나.
미정	(피식 웃는) 나이 들어도 엄마 생각 계속 나. ... 너는 괜찮아?
옥주	뭐가? 고모 내가 연락하는 남자애가

있거든?

미정   응.

옥주   근데 걔는 내가 연락 안 하면 먼저 연락을
안 한다.

그러면 날 좋아하는 거 아니겠지?

미정   모르겠네. 좀 소심한 앤가.

옥주   나도 모르겠다. 고모, 나 잘래.

옥주 돌아 눕는다.

64. 2층 복도 / 낮 (실내)

옥주가 2층에 앉아 선풍기를 쐬며 핸드폰을 하고 있으면,
동주가 2층으로 올라온다.

옥주   야. 2층 내 구역이라고 했지.

동주는 좀 심각한 얼굴이다.

동주   ... 누나 할아버지한테 냄새 나.

옥주가 몸 일으켜서 계단 내려오면 병기가 영묵을 부축해서
화장실로 들어가고, 미정이 안방에서 옷 챙겨서 나오는 것 보인다.

미정   별 일 아니야. 위에 있어~.

65. 마당 / 저녁 (실외)

병기가 마당에서 포도를 따고 있다.

66. 안방 / 저녁 (실내)

병기가 영묵의 앞에 포도를 놔준다.

병기   아버지, 포도 드세요.

67. 거실 / 저녁 (실내)

포도 접시를 든 병기가 2층으로 올라가는 계단의 문을
닫으며, 2층으로 올라간다.

68. 2층 복도 / 저녁(혹은 밤) (실내)

병기와 미정, 옥주, 동주가 복도에 앉아 있다.

가족의 앞에 놓인 포도.
미정은 진지하다기보다는 가벼운 주제의
가족회의를 주관하는 느낌이다.
동주가 포도를 잘 먹는다.

미정   아빠랑 얘기를 해 봤는데, 이 문제는 너희
         의견도 좀 듣고 싶어서.

옥주   뭔데?

미정   할아버지가 집에 계시는 게 좋을지,
         아니면 요양원으로 다시 모시는 게
         좋을지.

옥주   그걸 왜 우리가 결정해?   73

미정   너희 보고 결정하라는 게 아니라 의견이
         궁금하다는 거야.
         앞으로 고모가 집으로 돌아가고, 아빠도
         일하면 할아버지랑 너희랑 있는 시간이
         제일 길잖아.

동주   난 상관없는데~.

미정   옥주, 너는?

옥주   .... 난 괜찮아. 사실 할아버지 집에
         우리가 사는 거고...
         아빠는 어떻게 생각하는데?

병기   나는...

69. 요양원 초입 길 / 낮 (실내)

차창 바깥으로,
양 길가에 숲으로 이루어진 언덕 풍경이 지나가는 게 보이고,
용달 다마스가 요양원 마당으로 들어오는 것이 보인다.

70. 요양원 로비 / 낮 (실내)

헬륨 풍선들이 요양원 로비 위로 올라간다.
복지사가 밝은 얼굴로 풍선을 위로 올리고 있는 것이 보인다.

74

사무국장이 사무실에서 나와서 병기와 미정에게 밝게 인사를
건넨다.

           사무국장   안녕하세요~. 저는 여기 사무국장
                      강석원이에요.
                      이병기 님 맞으시죠?
           병기   네.
           사무국장   이쪽으로 오실게요. 저희 여기 센터부터
                      소개해 드릴게요.
                      여기 로비에서는 화요일, 목요일은 웃음
                      치료 프로그램이랑 노래 교습 프로그램을
                      진행하구요.

이쪽은 세미나실이에요.

로비에 실내등이 팟-하고 켜진다.
로비에 올라간 헬륨 풍선들.
다른 복지사가 와서 마이크를 테스트 해 본다.

71. 마당 / 오후 (실외)

동주가 기쁜 얼굴로 쇼핑백을 들고 집으로 뛰어 들어온다.
새 가방과 백화점 쇼핑백들 들고 있다.

72. 거실 / 오후 (실내)

거실에서 책 보던 옥주가 동주의 손에 들린 게
뭔가 싶어서 현관으로 들어오는 동주 본다.

> 옥주　　야 너 그거 다 어디서 났어?
> 동주　　뭐. 엄마가 사줬어. 엄마가 누나한테
> 　　　　주라고 이것도 줬어.

동주가 쇼핑백에서 흰 봉투 꺼낸다.

옥주	뭐? 야. 너 내놔.
동주	왜. 내껀데. 엄마가 나 쓰라고 사 준거야.
옥주	내놓으라고.
동주	누나는 엄마 안 만난다며.

옥주가 쇼핑백 뺏으려고 하고,
동주는 안 뺏기려고 안간힘 쓴다.

옥주	내놔.
동주	왜 그래.
옥주	너 안 내놔? 줘 봐.
동주	니가 뭔데! 주라 마라야!
옥주	너 지금 니라고 했냐. 또.
	어? 안 내놔?

옥주와 동주 몸싸움으로 번진다.
옥주가 동주의 옷 잡고 늘어진다.
동주 분해서 울먹거린다.

동주	네가 뭔데. 내놓으라고 해. 엄마가 나한테
	사준 건데.
	자기가 사준 것도 아니면서.
	네 꺼도 받아 왔다고!

영묵이 아이들의 소란에 방에서 나온다.

영묵   하지 마.

영묵이 옥주와 동주를 말린다. 옥주가 동주 밀고 2층 올라간다.

옥주   야. 됐다. 네 마음대로 해.

옥주가 동주 밀고는 2층으로 올라가고,
동주는 쇼핑백 주워 담으며 씩씩거린다.

영묵이 동주에게 다가와 쇼핑백에 물건 함께 주워 준다.   77

73. 다마스 안 / 오후 (실내)

요양원에서 돌아오는 다마스 안,
미정이 손에 든 요양원 팜플렛을 보며, 병기와 대화를 나눈다.

미정   시설도 깔끔하고 그 웃음치료 강사인가?
            그 사람도 괜찮아 보이더라.
            할머니, 할아버지들도 많이 웃고.
            요새 괜찮은 데는 입소하기 힘들다던데,
            이 정도면 괜찮은 거 같지 않아?

병기	...기분이 좀 그렇네.
미정	당연히 그렇지.
병기	내가 나이 들었는데, 나중에 애들이 나를 요양원에 데려다주고 돌아간다고 생각해 보니깐...
미정	아직 날짜도 남았잖아. 그리고 자주 와 보면 되지.

74. 슈퍼 앞 / 밤 (실외)

병기와 미정이 슈퍼 앞에서 쮸쮸바를 먹으며 앉아 있다.
슈퍼 앞에 앉아 있으면 영묵의 집이 보인다.

미정	그래도 오늘은 좀 선선한 거 같다. 그치.
병기	입추 지났으니깐 이제 꺾일 데도 좀 됐지.
미정	차라리 추운 게 낫지. 날씨가 진짜.
병기	더운 게 낫지 않아? 날 추우면 좀 서글프더라. 나는.

미정 의외라는 얼굴로 병기 본다.

미정	오빠 겨울 타? 몰랐네.
병기	왜 찬바람 불면 코끝이 시리다고 하잖아.

근데 나는 겨울 되면 코끝이 시린 게 아니라
코끝이 찡한 것 같은 기분이 들어.

미정   의외다. 오빠.

미정과 병기 아이스크림 먹는다.

병기   아버지 요양원 가면, 당분간 여기서 좀
지낼까 하는데.

미정   ... 이 집 오빠 꺼 아닌 거는 알지?

병기   알아.

미정   어차피 빈 집으로 둘 수도 없고 차라리 집
처분하는 건 어때?

병기   생각 좀 해 보자.

미정   그동안 내가 얘기를 안 했는데,
오빠가 지금껏 아빠 돈 받아서 쓸 동안
나는 딸이고 둘째라고 다 알아서 했잖아.
근데 오빠가 집까지 갖겠다는 건 너무 하잖아.

병기   그렇게까지 생각하지 마. 내가 언제 이 집
내가 갖겠다고 했냐?
그냥 잠깐 지낼까 한 거야.

미정   지금껏 나는 뭐 서운한 게 없어서 가만히
있었던 줄 알아?
오빠 힘든 거 아니깐 나도 가만히 있었던 거야.

75. 거실 / 오전 (실내)

미정이 주방에서 입을 가리고 통화를 한다.

      미정   잠깐만요.

미정이 거실로 고개 내밀고 소곤거리듯 작게 이야기한다.

      미정   오빠 오늘 집 볼 수 있냐는데 괜찮아?
                    내가 아빠 데리고 잠깐 나가 있을게.

80   병기가 고개 끄덕이자, 미정이 다시 통화한다.

      미정   네. 네 그럼 이따 네 시쯤? 오시면 될 거
                    같아요. 네~.

76. 집 안 / 오후 (실내)

중년의 여성 한 명이 집을 이곳저곳 둘러보고 있다.

      여자   집이 참 고즈넉해요. 이쪽도 너무 예쁘고.
                    화장실은 어디 있어요?
      병기   1층에도 있고, 2층에도 있구요.

2층도 보시겠어요? 2층도 꽤 넓어요.

여자가 먼저 올라가고,
병기가 따라 올라 가면
2층에 옥주 속옷이 널려 있다.

　　　병기　　　2층 화장실도 한 번 보세요.
　　　　　　　　아... 창고에도 화장실이 있어요.
　　　여자　　　어머 집에 창고도 있구나.

여자가 집을 둘러보고, 병기가 어색하게 여자의 뒤에 서 있다.
옥주가 방문 열고 나오면 여자와 마주친다.

　　　여자　　　따님이 계셨구나. 안녕. 예쁘게 생겼네.

옥주는 의례적으로 작게 꾸벅 인사하곤
병기를 불만스러운 얼굴로 보며, 다시 방으로 들어간다.

77. 2층 테라스 / 오후 (실내)

2층 테라스 옥주가 아래를 내려다보면,
현관 앞, 여자가 돌아갈 채비를 하며 핸드백을 고쳐 메는 것이
보인다.

여자	주택이고 평수도 좋은데, 여기가
	재개발되는 동네도 아니고.
	서울도 아니고 저는 조금 빼주시면
	계약하고 싶은데.
병기	가족들이랑 한 번 얘기해볼게요.
여자	네. 리모델링해서 살려면 비용이
	예상보다 좀 많이 지출될 거 같아서요.
	여기는 누가 들어와도 전체 리모델링이
	좀 필요한 집이라...
병기	그렇죠.
여자	잘 좀 생각 부탁드려요.
병기	네. 가세요.

82

여자가 신발 신고는 다시 돌아본다.

여자	저. 창고도 봐도 되나요?
병기	아! 네.

78. 거실 / 오후 (실내)

옥주가 2층에서 거실로 내려오면,
병기가 현관으로 들어온다.

옥주	이 집 파는 거야?
병기	집이 금방 팔리는 것도 아니고, 아직 몰라.
옥주	할아버지는 알아?
병기	...
옥주	할아버지한테 말도 없이 그러면 안 되지.
	얘기된 거야?
병기	너도 이사 가고 싶어 해 놓고 왜 그래.
옥주	그거랑은 다른 문제지. 할아버지 요양원
	보내고 집 파는 건 좀 심하잖아.
병기	... 뭐가 심한데. 너는 신발 마음대로
	안 팔았어?

옥주 말문이 막혀 병기 노려보다가 현관 나간다.

79. 마당 / 오후 (실외)

옥주가 창고에 있는 자전거 끌고 나간다.

옥주가 자전거 끌고 나가며 대문 열면
동주가 대문 열고 들어오려다가 마주친다.

옥주가 동주에게는 시선도 안 주고, 대문 나가면
동주도 시선 안 주며 마당으로 들어오다가 옥주 돌아보고 서 있다.

80. 자유 공원 벤치 / 저녁 (실외)

옥주가 누군가의 연락을 기다리는 듯 계속
핸드폰을 보며 앉아 있다.
병기에게서 전화가 오지만 병기의 전화를 받지 않는다.

경빈 뒤에서 워. 하고 옥주 놀래킨다.
옥주가 경빈 때문에 흠칫 놀란다.

옥주   뭐야.

84   경빈이 씩 웃으면서 옥주의 옆에 앉는다.

Cut to ≫

경빈과 옥주 말없이 앉아 있다.

경빈   네가 불러 놓고 왜 말이 없어.
옥주   ...

경빈이 신발 본다.

경빈   이거 신발 봐.

옥주가 선물해 준 흰 나이키 신발이다.
옥주 신발 쳐다본다.

       경빈   근데 이거 어디 매장에서 산 거야?

옥주가 경빈 빤히 보다가 자리에서 일어난다.

       옥주   줘.
       경빈   뭘 줘?
       옥주   신발 주라고.

경빈 상황 파악 안 된 듯 당황한다.   85

       경빈   야. 왜 그래.

옥주가 경빈 신발 벗겨선 자전거 앞 바구니에 넣고
자전거 끌고 간다.

       경빈   야. 이옥주.

옥주, 경빈이 부르는 소리 외면하고는 자전거 끌고 간다.

81. 거리 / 저녁 (실외)

옥주 자전거 오르막길로 올라가면,
옆으로 앰뷸런스가 지나가는 게 보인다.
자전거 한쪽으로 비켜 준다.

82. 대문 앞 / 저녁(혹은 밤) (실외)

옥주가 골목 올라오면
동주가 대문 앞에 쪼그리고 앉아 있다.

86

옥주 들어오는 소리에 동주가 계단에서 일어나
달려온다. 울먹거리는 동주.

　　　　동주　　　누나.
　　　　옥주　　　... 너 왜 나와 있어?
　　　　동주　　　할아버지 갑자기 쓰러지셔서 병원 갔어.

83. 거실 / 저녁 (실내)

옥주, 거실 들어서면 적막한 거실.
평소와 다름없는데, 낯설게 보인다.

옥주 당황해서 동주에게 자세히 물으려는 찰나

핸드폰 진동 울린다.

병기의 전화다.

옥주 전화 받는다.

> 병기(V.O) 동주 만났어?
>
> 옥주   응. 집이야.
>
> 병기(V.O) 할아버지가 지금 좀 안 좋으셔서
>
>   병원에 와 있거든?
>
>   지금 기다리고 있으니깐 동주 좀 잘 챙겨
>
>   주고. 뭐 좀 챙겨 먹어. 알았지?
>
> 옥주   ... 응. 언제 와?   87
>
> 병기(V.O) 기다려 봐야 알 거 같아.

84. 병원 대기실 / 밤 (실내)

미정과 병기가 병원 대기 의자에 앉아 있다.

> 미정   오빠 가 봐. 내가 여기 있을게.
>
> 병기   됐어.
>
> 미정   집에 애들 둘만 있어야 되잖아.
>
> 병기   옥주 있잖아.
>
> 미정   아빠, 괜찮겠지?

병기	그래도 아버지가 우리가 집에 있을 때
	쓰러지셔서 다행이다 싶더라.
	혼자 계실 때 쓰러졌으면 바로 병원
	오지도 못했을 거 아니야.
미정	그랬겠지.

병기가 미정 본다.

미정	아빠 사잣밥 준비해야 할까?
병기	무슨 사잣밥?
미정	왜. 엄마가 상태 안 좋아지기 전에 나한테
	자기 호흡기 달게 되면 집 앞에 나물 반찬
	해서 사잣밥을 꼭 내놔야 한다고
	얘기했었거든.
병기	엄마가 그런 얘기 했다고?
미정	응. 이상하지. 슈퍼 있는 그 골목에 전봇대
	앞에다가 밤 열두 시에 사람들 모르게
	갖다 놓으라고 하더라고.
	그때 엄마 이야기가 너무 이상해서 그냥
	듣고 넘겼거든.
	근데 그게 두고두고 후회돼. 좀 이상해도
	그냥 해줄걸.
병기	벌써 그런 생각 하지 마.
미정	그래야지.

88

85. 옥주 방 / 밤 (실내)

옥주가 누워서 핸드폰 보고 있으면,
동주가 2층 계단으로 올라온다.

> 동주   누나. 배 안 고파?
> 옥주   ...
> 동주   라면 끓여 줄까?

86. 주방 / 밤 (실내)

옥주가 라면 끓이고, 동주가 식탁에 앉아서 옥주 기다린다.
옥주가 라면 끓이며 면에 바람을 분다.

> 옥주   ... 저번에 누나가 때려서 미안해.
> 동주   괜찮아. 간디도 옛날엔 조폭이었대.

옥주 어이없어서 피식 웃는다.

> 옥주   누가 그래.
> 동주   위인전에 나와.
> 옥주   야. 왜 위인전에 그런 게 나오냐?

둘 다 웃음 터진다.

동주   진짜야~.

87. 옥주 방 / 밤 (실내)

모기장 안에 있는 옥주가 잠이 오지 않는지,
뒤척거리며 핸드폰을 보고 있다.

88. 안방 / 밤 (실내)

혼자 안방에 누워 자려던 동주가 잠이 안 오는지 뒤척거린다.

89. 옥주 방 / 밤 (실내)

동주가 2층으로 올라오고, 옥주가 동주 쳐다보지만
별말 하지 않는다.
자는 옥주의 핸드폰으로 전화가 울린다.
고모라는 이름 뜬다.
옥주가 졸린 눈 부비며 전화 받으면
미정이 영묵의 임종을 알린다.

전화를 듣던 옥주가,
미정에게 얘기한다.

옥주   고모... (사이) 나 깔끔한 옷 없는데.

장롱문 앞에 선 옥주가 고민을 하다가 교복 꺼낸다.

90. 욕실 / 밤 (실내)

거울 앞, 교복 차림의 옥주가 세수를 하고, 머리를
하나로 묶는다.   91

91. 안방 / 밤 (실내)

동주 옆으로 새 옷을 뜯은 비닐과 택 보이고,
옥주가 동주의 옷매무새 정리해 준다.

92. 택시 안 / 밤 (실내)

천진한 표정으로 바깥을 보고 있는 동주,
옥주는 불안한 표정으로 핸드폰을 쥐고 정면을

응시하고 있다.

93. 장례식장 입구 / 밤 (실외)

교복 차림의 옥주와 새 옷차림의 동주가
장례식장 안으로 들어간다.

동주는 상황 파악이 제대로 안 되는 듯한데,
옥주는 어두운 표정이다.

92

94. 빈소 / 밤 (실내)

영정 사진도 없이 아직 제대로 갖춰지지도 않은 빈소,
선호가 장례식장 담당자와 화환과 빈소, 식사 등에 대해
얘기 나누고 있다.

   동주 누나. 고모부야.
   옥주 안녕하세요.
   선호 응. 왔어? 들어가.

정장 차림의 병기가 빈소 앞에서
핸드폰을 꺼내 부고 문자를 보내고 있다.

옥주와 동주가 장례식장 입구로 어색하게 들어오며
병기의 뒷모습 본다.

      미정   왔어? 밥은.

상복 차림의 미정이 옥주의 어깨 쓸어준다.
울었는지 눈이 충혈된 채다.

      옥주   먹었어.
      미정   갈아입을 옷은 챙겨 왔어?

옥주 고개 젓는다.   93

      미정   편한 옷 좀 챙겨오라고 한다는 게
                  깜빡했네.
                  일단 들어가서 좀 쉬고 있어.
                  이따 시간 날 때 고모가 집 가서
                  챙겨다 줄게.

병기가 나와서 옥주 본다.
옥주는 당장이라도 울 듯 표정이 좋지 않다.

      병기   할아버지 잘 가셨어. 걱정 안 해도 돼.

동주 병기의 말에 쭈볏거린다.

> 병기   일단 아직 준비해야 할 것들 많으니깐
> 방으로 가서 좀 쉬고 있어.
> 피곤하면 좀 자고.

옥주가 동주 방으로 들이려고 한다.

> 옥주   너 먼저 방으로 들어가.

동주 고개 젓는다.

95. 상주 방 / 밤 (실내)

상복 차림의 옥주와 동주가 상주 방에 앉아 있다.
동주가 테이블 위에 카드를 올려놓고 카드에 대해 설명한다.

> 동주   누나. 듣고 있어?
> 옥주   응.
> 동주   누나... 근데 엄마도 와?
> 옥주   엄마가 왜 와.
> 동주   엄마도 할아버지 알잖아.
> 옥주   안 와.

동주	누나.
옥주	응.
동주	할아버지는 어디로 가는 거야?
옥주	몰라. 얼른 자.
동주	안 잘래. 잠도 안 와.
옥주	왜 잠이 안 와.
동주	몰라. 기분이 이상해.

옥주가 벽에 기대앉아 있다.

96. 영정 앞 / 밤 (실내)

동주와 옥주의 엄마가 와서 국화를 놓는다.
병기와 미정, 선진이 맞절을 한다.

미정	언니, 와줘서 고마워요. 밥 먹구 가요.
선진	아니야. 와봐야 될 거 같아서.
병기	왔어? 밥 먹고 가~.

97. 빈소 / 밤 (실내)

선호가 육개장 갖다주고,

옥주와 동주, 선진이 테이블에 앉아 밥을 먹는다.
동주가 선진 옆에 딱 달라붙어 있고,
맞은편에 앉은 옥주는 묵묵히 밥을 먹는다.

가족들이 육개장을 맛있게 먹고,
동주가 일어나서 가족들이 밥을 먹는 테이블 앞에서
막춤을 추면,
가족들이 동주를 보며 웃는다.
옥주는 누군가를 찾는 듯 두리번거린다.

98. 상주 방 / 아침 (실내)

동주가 옥주 깨우고, 옥주가 잠에서 깬다.

      동주   누나. 아빠가 일어나서 밥 먹으래.

옥주 몸 일으킨다.

      동주   누나.
      옥주   엄마 왔다 갔어.
      옥주   뭐? 엄마?
      동주   응. 누나 잔다고 깨우지 말라고.
                      이거 두고 갔어.

옥주의 머리맡에 놓인 쇼핑백,

수건이랑 세면도구, 잠옷, 부식 거리 같은 것이 들어 있는

쇼핑백이다.

옥주 어젯밤의 일이 꿈인지 하는 얼굴로 잠에서 깨려고

마른세수 한다.

99. 빈소 / 아침 (실내)

영묵의 젊은 시절 영정 사진이 걸려 있다.

병기와 미정이 영정 사진 보다가

병기가 영정 사진 챙긴다.

미정	이렇게 보니깐 오빠랑 아빠 엄청 닮았다.
병기	... 너랑 더 닮았는데?
미정	뭘 나랑 닮아. 아빠랑 어디 가면 맨날 사람들이 나보고는 아빠 얼굴은 하나도 없고 엄마만 빼닮았나 보네. 이랬어.
병기	... 하긴 너 하는 거 보면 문득 엄마가 보일 때가 있어.

미정이 씁쓸하게 병기 보며 웃는다.

| 미정 | 그런가. |

100. 다마스 안/ 낮 (실내)

상복 차림의 병기와 미정, 교복 차림의 옥주, 동주.
조수석에 앉은 미정이 봉안함이 담긴 보자기를
무릎에 두고 있다.
가족들 모두 별 말 없이 창문만 본다.

101. 다마스 안 / 낮 (실내)

옥주가 울 듯한 얼굴로 창밖을 보고 있다.
옷을 갈아입은 옥주와 동주, 병기
말없이 차를 타고 간다.

102. 집 앞 / 오후 (실외)

가족들이 탄 다마스가 집 앞에 도착한다.
조금 무거운 얼굴의 동주와 병기,
옥주가 집 안으로 들어간다.

103. 거실 / 오후 (실내)

가족들 거실 소파에 앉는다.
긴 침묵이 흐른다.
동주가 침묵을 깨기 위해서 주방으로 간다.
동주가 주방에서 물을 가져와 병기와 옥주의 앞에 놓는다.

　　　　　동주　　　　고생했어.

병기가 물컵을 보고 피식 웃는다.

　　　　　병기　　　　고맙다. 너 마셔.　　　　　　　　　　99

동주가 물 받아 마신다.

　　　　　동주　　　　아빠, 나 배고파.
　　　　　병기　　　　배고프지. 우리 뭐 좀 챙겨 먹자.

병기가 소파에서 일어나 안방으로 들어간다.

104. 안방 / 오후 (실내)

병기가 장롱 앞에서 옷을 갈아입으며 둘러보면,

텅 비어 있는 안방,

문득 방을 둘러본다.

105. 주방 / 오후 (실내)

취사가 되는 밥솥의 소리가 치익치익- 하며,

주방 안에 들리고, 전기밥솥의 연기가 올라온다.

옥주와 병기가 밥솥을 보며 말없이 식탁에 앉아 있다.

뒤로 동주가 거실에 좌탁을 펼치고 있는 모습이 보인다.

106. 거실 / 오후 (실내)

별다른 이야기 없이 식사를 하는 가족,

동주가 배고팠는지 밥을 맛있게 먹고,

옥주도 밥을 잘 먹는 듯 보인다.

언뜻 평온해 보이는 식탁.

동주가 조기를 잘 발라 먹는다.

옥주가 동주의 밥 먹는 모습을 보다가

갑자기 와락 눈물을 쏟는다.

동주와 병기 둘 다 당황해서 어떤 얘기를 꺼내지 못하고

옥주 본다.

쉽게 눈물이 그칠 것 같지 않자
병기가 휴지를 가지러 안방으로 간다.

        동주   누나 왜 그래.

옥주 주체할 수 없이 눈물을 쏟는다.

        옥주   모르겠어.

옥주 그대로 자리에서 일어나 2층으로 올라간다.

107. 옥주 방 / 오후 (실내)

옥주가 방에 들어와 모기장을 걷어내고,
창문을 연다.
그대로 책상 앞에 앉아 열린 창밖을 보며 운다.
잠시 후 동주가 문을 열고 들어가려고 하는데,
병기가 옥주의 흐느끼는 뒷모습을 보고는,
동주를 데리고 나간다.
옥주 연신 눈물을 닦아 내지만 자꾸 눈물이 흘러나온다.
옥주 창밖을 보며 계속 운다.

108. 집 안 곳곳 / 오후 (실내)

집 안 곳곳의 풍경들이 비춰진다.

109. 옥주 방 / 오후 (실내)

옥주가 책상에 엎드려 잠들어 있다.
옥주의 책상에 놓여 있는 눈물을 닦아 낸 휴지 뭉치들.
한구석에 놓여 있는 모기장.

-fin

103

스크린 위로 피어난 순간들

윤단비 감독
포토 코멘터리

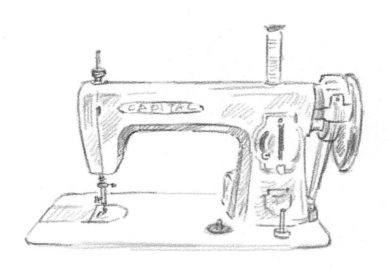

#1 영화는 대부분 순차적으로 촬영 했는데,
이 영화가 작은 빛을 놓치지 않고
따라가고 있다는 것에 안도한 순간은
옥주와 동주가 할아버지의 집에 온 첫 날
다 함께 모여 식사하는 장면을 촬영할 때였다.

미정을 제외한 가족들이
처음 모인 순간이었고,
아직은 서먹함과 불편함이 감도는
이 식사 자리에서
영묵은 자연스럽게
동주의 의자를 본인 쪽으로 당겨준다.

110

왕래도 없던 할아버지가
손자의 의자를 본인 쪽으로 끌어주는
세심한 장면은
영묵 역의 김상동 배우가
만들어 준 장면이었다.

112

미세한 순간이었지만
내게는 이 작은 동작이
둘 사이의 거리감을
좁혀 주는 것처럼 느껴졌고,
드디어 이 가족들이
내 상상 바깥의 실존 인물들이
되었다는 것을 실감했다.

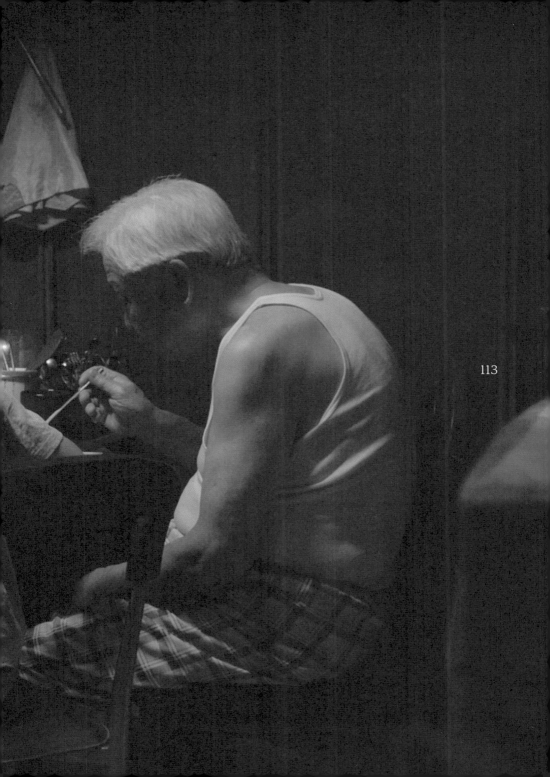

#2

영화를 본 많은 분들이
기억에 남는 장면으로 이야기하고,
나 역시도 오래도록 마음에 남는 장면인
할아버지와 옥주가 음악을 듣는 씬은
시나리오에 없는 장면이었다.

촬영을 진행하며
할아버지와 옥주가
서로의 온기를 나누는 장면이
더 담겼으면 좋겠다고 고민하던 와중
촬영감독이 옥주와 할아버지가
함께 음악을 듣는
장면을 제안해주었다.

116

118

영묵의 생일파티가 끝난 이후
가족들은 2층에 모여 술자리를 갖는다.
술을 마시던 병기가 갑자기 웃음을 터뜨린다.
난데없는 웃음에 옥주와 미정이 의아하게 보자,
병기는 말수도 없던 아버지가 느닷없이
자신에게 장난을 치고는
시치미를 뚝 뗀 일에 대해 이야기한다.

그리곤 자신도 잊고 있던 그 오래전 기억이
갑자기 꿈에 나온 것이
이상하다고 말한다.
옥주는 병기의 감정을
온전히 이해했는지
꿈에 대한 의미를
곱씹는 건지 모를 표정으로
병기의 이야기를 듣는다.

121

가족들이 잠든 시각.
음악 소리에 잠이 깬 옥주가
2층에서 내려오면
할아버지가 음악을 들으며
홀로 맥주를 마시고 있다.
옥주는 다가서지도 돌아서지도 못한 채로
물끄러미 영묵을 바라보다가
2층 계단에 앉아
영묵과 음악을 듣는다.

이 장면은 둘 사이의 어떤 직접적인 교류보다도
더 강한 감정으로 다가온다.

함께 공유하는 그들의 시간이
모든 마음을 대신할 수 있을 거라는 생각이
들었다.

옥주와 영묵이 보낸 그 시간이
휘발되지 않고,
언젠가 옥주의 꿈에 불현듯
나타날 것을 생각하니
아직 작별하지 않은 이가
벌써부터 그리워졌다.

124

125

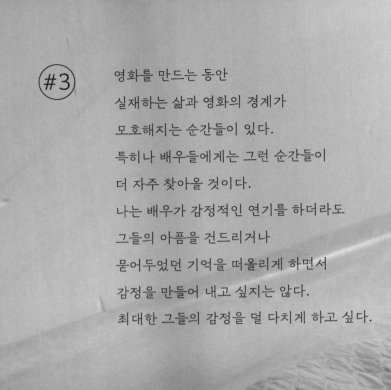

#3

영화를 만드는 동안
실재하는 삶과 영화의 경계가
모호해지는 순간들이 있다.
특히나 배우들에게는 그런 순간들이
더 자주 찾아올 것이다.
나는 배우가 감정적인 연기를 하더라도
그들의 아픔을 건드리거나
묻어두었던 기억을 떠올리게 하면서
감정을 만들어 내고 싶지는 않다.
최대한 그들의 감정을 덜 다치게 하고 싶다.

127

옥주가 할아버지의
부고 전화를 받는 장면을 촬영할 때
옥주가 느끼는 감정을 배우에게
어떻게 설명해야 할지 고민이 되었다.

나는 최정운 배우에게 감정을 설명하는 대신
영화 속에 등장하지 않는
그리고 시나리오에 적혀 있지 않는
고모의 전화 내용을 만들었다.

할아버지가 돌아가셨고,
장례식장 위치를 전하는
담담한 고모의 이야기였다.

리허설을 하며,
내가 고모의 대사를 읊어주었는데
마치 그 상황이 언젠가 내 유년의 기억을
건드리는 것처럼 아프게 다가왔다.
현장의 공기 속에서
각자의 기억들을 스태프와 배우가
함께 공유하고 있는 느낌이었다.

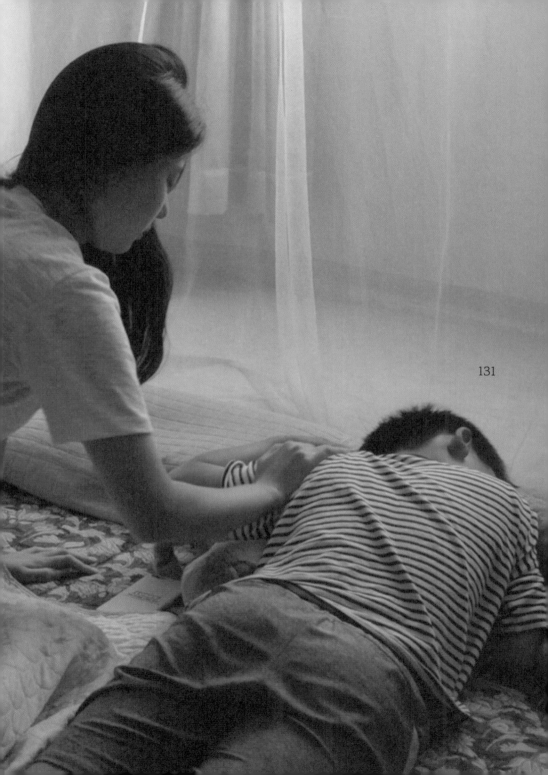

촬영을 할 때에는
미정 역의 박현영 배우가
매 테이크마다 최정운 배우와
통화를 나누며 촬영했다.

배우들의 연기를 보며
자꾸 내가 겪게 되었던
이별의 순간들이 소환되는 것만 같아서
삶과 죽음이 혼재된 채로 영화를
촬영하고 있는 것 같았다.

132

촬영하는 와중에는 모르고 있다가
편집을 하며 발견한 것이 있다.

할아버지의 요양원 문제로
가족끼리 둘러앉아 회의를 할 때,
그리고 혼자 엄마를 만나고 온 동주와 싸울 때
옥주가 입고 있던 티셔츠의 문구이다.

135

LOVE IS SO SHORT
FORGETTING IS LONG

이 반팔 티셔츠는 최정운 배우의
개인 의상이었는데,
티셔츠에 쓰여 있는 영문 문구가
'파블로 네루다'의 시구라는 것을 알았다.

"Love is so short, forgetting is so long."
'사랑은 그다지도 짧고, 망각은 그처럼 긴 것.'

마치 영화를 대변해 주는 것만 같은
문장이었다.

의도하지 않은 우연들이
영화의 곳곳에 스며 들어 있다는 것이
묘하게 느껴져 몇 번이고 글귀를 되뇌었다.

기억과 영화의 교차로

김기현 촬영감독의
장면, 단상

2018년 여름.

한 가족을 만났다. 우리의 기억과 일상 속에 있을 법한,

그러나 현실에는 존재하지 않는,

촬영을 위해 모인 가족이었다.

옥주, 동주, 병기, 미정, 그리고 할아버지 영묵.

누군가의 경험과 기억의 일부가 글이 되고

현장의 숨결들이 모여 영화가 된다.

다시 그 영화는 누군가의 기억 속에서 살아가게 될 것이다.

마치 옥주네 식구가 텃밭과 더불어 성장하듯 말이다.

140

이 글은 처음 시나리오를 읽고 느꼈던 것들,

촬영감독으로서

어떻게 찍을까? 고민하던 시간에 관한 글이다.

영화는 정해진 시간 안에서 흘러간다.
반면 시나리오는 언제든지 멈출 수 있다.
생각할 수 있고,
다시 읽으며 그 여백을 채워 나갈 수 있다.
〈남매의 여름밤〉은 그 멈춤의 시간이
유독 많았던 시나리오이다.

여러 번 시나리오를 읽어 나가는 동안 느슨하게
엮인 듯 보였던 사건들의 틈은 나의 어떤 기억과
감정을 불러일으키며 더 견고하게 자리 잡아
나갔다.

142

첫 번째 출발점은
그 멈춤의 시간을 어떻게 영화 속에 표현하지? 란
조금은 아이러니한 질문이었다.
이 영화는 관객 각자의 기억에 의존함으로써
온전히 완결된다.
내가 그랬기에, 미래의 관객들도 그랬으면 했다.
영화가 흘러가는 사이,
그 틈바구니에서
보는 이들의 기억을 환기하는 것이
가장 중요하다고 생각하였다.

감독님과도 이 영화를 어떻게 찍어야 할까에 관해
많은 이야기를 나누었다.
둘 다 이견 없었던 것은 조금은 멀리,
관조적으로 찍자는 것이었다.
그리고 정보보다는 감정의 전달에
더 방점을 두었다.
한 발짝 떨어진 카메라는 더 많은 피사체를 조금은
희미하게 담아 나가게 될 것이다. 그 희미함
속에서 관객의 기억도 환원되기를 바랐다.

63씬   옥주 방에서 고모랑 꿈에 대해 이야기를 나누는
       이 씬은 조금 멀리서, 한 컷으로만 촬영되었다.
       촬영 당시 모기장 밖에서 둘의 대화를
       듣고 있었는데,
       대화가 깊어질수록 옥주의 표정이 머릿속에서
       더 선명해졌고,
       테이크가 반복될수록
       자꾸만 나의 기억도 떠올랐다.

146

시간이 담긴 빛

영화는 약 한 달 반 정도의 시간을 그리고 있다.
어떤 하루는 세밀하게 기록되고, 때론 일주일이
훌쩍 뛰어 넘겨지기도 한다. 시나리오에는 명시적
시간이 기술되어 있지 않지만, 그 행간에는 분명
시간이 적혀있다.

하루가 많은 씬들을 구성하면서, 거기에 전달하고
싶은 미묘한 감정이 층층이 쌓여 있다는 걸
발견했다. 그 미묘함은 시간과 엮여 있었다. 처음
할아버지 집에 왔을 때의 긴장과 낯섦, 불안 들은
시간이 흘러 지루함, 익숙함, 평온함으로 바뀌어
간다. 가족 간의 관계가 달라졌기 때문이지만, 그
관계 또한 시간의 흐름 속에서 맺히는 열매 같은
것이라고 생각했다.

147

시간이 흐르는 영화라는 걸 보여 주고 싶었다.
밤낮의 연속으로 표현하기보다는 움직이고 있는
빛을 통해 시간을 담고 싶었다. 그래서 유독 노을
장면과 땅거미 진 푸른 하늘이 영화에 많이 담겨
있다. 가족의 만남 또한 그렇게 움직이고 있다고
생각했다.

저녁노을의 찰나처럼, 한 달 남짓한 시간이
아름답게 물들길 바랐다.

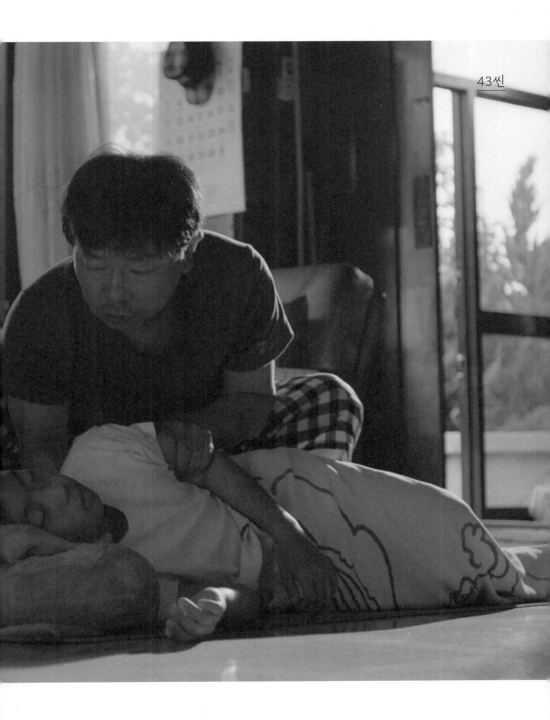

43씬 병기가 낮잠 자는 동주를 깨우는 장면이다.
이 씬은 흘러가는 시간과 함께 어린 시절의 기억이
현재와 만나는 장면이다. 또는 지난밤 꿈이 과거의
기억을 깨우는 장면이기도 하다.

늦은 여름의 햇빛에 묘한 시간이 함께 담겨 있다.
마치 아침과 저녁의 구분이 모호한 그런 시간처럼
보인다. 그 경계가 허물어진 시간에서 잠을
깬다면, 누구나 속을 수밖에 없을 거다.

그 착각 속에는 분명 기억의 숨은 그림자가 같이
150   작동을 하고 있다.

집이 바라보는 가족

버릇처럼 숨은그림찾기를 하듯, 시나리오를
읽으며 이야기의 관점을 찾는다. 카메라를 어디에
놓을지, 누구에 좀 더 무게 중심을 둬야 하는지가
거기에 달려 있기 때문이다. 〈남매의 여름밤〉은
크게는 옥주를 따라가지만, 가만히 들여다보면
가족 개개인을 돌고 돌아, 결국에는 집이 바라보는
가족의 이야기 일수도 있겠다는 생각이 들었다.
물론 그 집은 어린 시절의 병기와 미정이 살았던
곳. 돌아가신 할머니가 머물던 곳. 그리고 결국에
돌아가신 할아버지가 남기고 간 집이다.

사물에도 영혼이 있다면 그건 아마도 같이 한
사람들의 기억 때문일 것이다. 그래서 집이
바라보는 가족은 집과 함께한 모두의 기억일
것이다. 집 자체를 하나의 캐릭터로 생각하여
촬영을 한 이유다. 집이라는 배경에서 인물들의
이야기가 펼쳐진다기보다, 가족 구성원들처럼
집 역시 동등한 '인물'이라 생각하고 몇몇 숏들을
구성하였다.

151

74씬 미정, 병기는 슈퍼 앞에서 집에 대해 이야기를
한다. 집에 더 머물지 아니면 팔아버릴지. 그 둘의
마음은 복잡하다. 추억이 곳곳에 스며있는 집.
그러나 현실적인 문제들. 집을 단순히 배경으로
놓지 않고 하나의 캐릭터로 생각을 하였다.
그래서 (미정)(병기)의 씬이라기보다는 (미정
병기)와 (집)의 씬이라고 생각을 하였다. 둘의
마음은 어땠을까? 그리고 버려질 집의 마음은
어땠을까?

영화를 촬영한 지 2년이 흘러갔고, 곧 영화의 개봉을 앞둔
시점에서 이 글을 쓰고 있다.

며칠 전, 고향 집으로 가는 버스 안에서 이상한 꿈을 꾸었다.

20년이 지난 미래의 꿈. 그때 나는 노년에 가까운 나이,
영묵처럼 머리카락이 하얗게 셌던 것 같다. 노년의 나는
꿈속에서도 버스를 타고 어딘가로 가고 있었다. 조금은
고요한 밤, 버스는 잠시 신호 대기를 위해 교차로에 멈춰 서
있었다. 차창 밖 거리의 소음과 함께 저기 멀리 운전석에서
라디오 소리가 들렸다. 곧이어, DJ의 안내 멘트와 함께
누군가의 신청곡 '미련'이 흘러나왔다. 정적과 함께 음악이
흐르고 있었다.

꿈속에서 나는 20년이 지난, 영화를 찍던 순간을 회상하고
있었다.
아주 멀리 있는 기억 속 불현듯 떠오른 추억같이 느껴졌다.

나는 옥주네 가족의 안부가 궁금해졌다.
버스에 내려 인천 집엘 가야지 생각을 했다.
그리고 꿈에서 깨어났다.

2020년 여름, 촬영감독 김기현

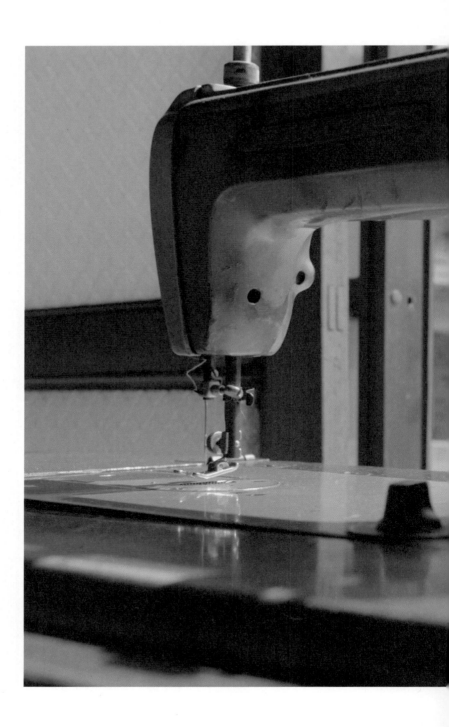

174

남매가 들려주는 여름밤 이야기

최정운, 박승준
배우의 손 편지

옥주역

- 배우 최정운

안녕하세요. 남매 옥주, 최정운입니다.

남매의 여름밤을 촬영한 지 벌써 거의 2년이 지났네요.

요즘 따라 촬영할 때가 더 많이 생각나는 것 같아요. 처음에 영화를 준비할 때는 걱정이 앞섰어요. 제가 과연 잘할 수 있을지 의심이 많이 들었었거든요. 그렇게 걱정을 한 아름 가지고 엄청나게 긴장하면서 촬영에 들어갔었습니다.

촬영 기간 중 초반에는 걱정되는 마음과 부족한 저 자신에게 속상한 마음이 컸었는데 시간이 갈수록 집과 〈남매의 여름밤〉가족, 그리고 옥주한테 정이 많이 들었어요. 체력적으로 그리고 심적으로 힘든 부분도 많았지만, 옥주랑 정도 많이 들었고 가까워져서 헤어지기 아쉬운 마음이 많았었어요.

저만의 작은 비하인드 스토리로, 제가 촬영하면서 옥주랑 확 가까워진 느낌을 받아서 기억에 정말 많이 남는 장면인, 새벽에 고모랑 옥주가 가족들 몰래 조심조심 이층으로 올라가는 장면에 관해서 얘기해 보고 싶어요.

영화에서 제가 정말 좋아하는 장면이기도 해요. 이 장면을 볼 때면 옥주의 마음이 느껴져서 저도 덩달아 신나지거든요. 이 장면은 촬영 완전 초반, 현영 선배님과는 첫 촬영 때였어요. 제가 유독 이날이 기억에 남는 이유는 촬영 초반에 긴장되고 불안했던 마음이 풀어진 날이었기 때문이에요. 촬영장 분위기, 늦은 시간이 주는 분위기, 집 분위기가 꼭 명절날 할머니 댁에 놀러 간 것 같은 기분을 들게 했고 그래서 정말 설렜었던 기억이 나요. 실제로 영화에 나온 집이 저희 할머니 댁이랑 느낌이 비슷하기도 해요! 이때 촬영하면서 "이러니까 꼭 수련회 온 것 같지 않냐?"라는 대사를 듣는데 정말 너무 마음이 설레고 들뜨더라고요. 옥주가 고모를 만날 때 꼭 이런 마음이지 않을까 하는 생각이 들었고 옥주의 마음에 대해서 더 많이 이해하게 됐고 그러면서 한층 더 가까워진 기분이 들었어요. 이때 되게 재밌게 연기하고 재밌게 촬영했던 기억이 나네요.

저는 영화를 찍으면서, 또 옥주에 대해서 알아가면서, 많은 위로를 받았고 또 성장했던 것 같아요. 많은 분께 정말 감사합니다.

여러분이 옥주의 마음을 이해하는데 제 연기가 조금이나마 도움이 됐으면 좋겠습니다.

<u>동주역</u>
- 배우 박승준

기쁘고 슬픈 여름

이슬아
영화 에세이

할아버지의 집을 생각하는 여름밤이다. 내 유년기는 죄다 그 집에 있다. 요즘 같은 장마철이면 천둥소리가 무서워서 잠을 못 자곤 했다. 천둥소리에 우는 애는 나 말고도 또 있었는데 바로 내 동생 찬희다. 그 시절 찬희는 속눈썹이 아주 길었다. 연필을 얹어 놓을 수도 있을 만큼 길고 숱 많은 속눈썹이었다. 내가 우는 모습은 스스로 보지 못했으니까 기억에 없지만 찬희가 우는 모습은 생생하게 남아있다. 풍성한 속눈썹 사이로 주룩주룩 흐르던 어린 찬희의 눈물방울. 번개가 번쩍한 뒤 몇 초 후 세상을 쪼갤 것 같은 소리가 집을 덮치면 우리는 숨을 헐떡대며 울었다. 그때 할아버지가 거실로 등장해서 천둥 번개의 진실을 알려주었다. "인마들아, 천둥 번개가 뭐냐면 하느님이 하늘에서 방귀 뀌는 거야." 울다가도 웃음이 터져 나왔다. 우리는 아직 똥, 오줌, 방귀 같은 단어에 속수무책으로 웃을 수 있었다. 그다음에는 어떻게 되었더라. 금세 잠이 들었던가. 기억나지 않는다. 할아버지가 걸치고 있던 하얀 런닝과 어두운 창밖과 눅눅한 장판만 선명하다.

188

영화 〈남매의 여름밤〉은 이런 기억을 소환시킨다. 세기말의 장마철과 할아버지의 거실 풍경 같은 것. 주인공인 옥주와 동주처럼 나 역시 남매 중 하나이기 때문이고, 알

수 없는 마음으로 여름밤을 통과했기 때문이다. 우리는
할아버지가 일궈온 집에 머물며 유년을 보낸 아이들이다.
화면으로만 봐도 옥주의 할아버지 댁에서 어떤 냄새가
나는지 알 것 같다. 그 집의 마룻바닥을 디디는 감각과 건너편
방에서 들려오는 텔레비전 소리도 꼭 내 기억처럼 다가온다.
그 집은 부드럽게 낡아온 장소다. 오랜 세월 반복된 생활과 함께.

아이들은 그곳에서 어른들의 모습을 본다. 어른들은
바람 잘 날 없어 보인다. 미덥지 않고 이리저리 흔들리고
자주 초라하다. 그 와중에 좋은 순간들이 남매에게 깃든다.
식구들과 밥을 같이 먹어서. 할아버지 생신날 같이 케이크 위
촛불을 후 불어 꺼서. 국수를 함께 삶아 먹어서. 학교 가야

하는 줄 알고 일어났는데 알고 보니 방학이어서. 평상에
나란히 앉아 맥주를 마셔서. 동시에 그들은 괴롭다. 돈이
부족해서. 엄마가 미워서. 아빠가 미워서. 우리 집의 물건이
짝퉁이어서. 내 얼굴이 싫어서. 동생이 한심해서. 할아버지가
아파서…

유년기를 돌아보다가 어떤 일이 좋은 일이었는지 안
좋은 일이었는지 알 수 없게 될 때가 있다. 그것은 당연한

기쁘고 슬픈 여름 - 이슬아 영화 에세이

것일 지도 모른다. 기쁨과 슬픔은 사실 하나니까. 행복과
불행은 언제나 맞닿아 있으니까. 좋은 이야기는 그것을
동떨어진 것처럼 다루지 않는다. 〈남매의 여름밤〉역시
그렇다. 또한 이 영화는 꿈과 기억의 혼동을 안다. 영화
속에서 두 쌍의 남매는 기억 같은 꿈과 꿈 같은 기억을 품은
채로 지낸다. 꿈에서 그들은 다시는 만날 수 없는 그리운
사람과 함께다. 기억 속에서도 언젠가는 그랬다. 모두
지금 당장은 손에 쥐지 못하는 이야기들이다. 나의 유년이
그렇듯이.

   동시에 〈남매의 여름밤〉에는 내가 닮아가고 싶은 미래가
있다. 그 미래는 바로 동주의 얼굴이다. 동주의 속눈썹은
내 동생만큼 길지 않지만, 그는 사랑하지 않을 수 없는
모습으로 허구한 날 누나를 따라다닌다. 내 동생 찬희도
아주 오래전에는 그랬었다. 그 시절이 아주 짧았지만 말이다.
동주는 지치지도 않고 누나를 부르며 이리저리 움직인다.
누나의 자전거 뒷꽁무니를 쫓고, 국수를 가져다주고,
토마토를 건넨다. 또한 할아버지의 생신날에는 바지를
어깨까지 끌어올려 입은 뒤 축하의 춤을 춘다. 그 장면은
영화 역사상 가장 어이없고 사랑스러운 댄스 씬이다. 옥주는

자존심도 없이 재롱을 피우는 동주가 못마땅하다. 옥주는
동주에게 묻는다.

"너는 뭐 그렇게까지 비굴하게 구냐?
(…) 자존심 좀 지켜."

그러나 동주는 일말의 상처도 받지 않고 대답한다.

"네가 더 비굴해."

발끈하는 옥주와 태연한 동주. 비굴함 따위 신경 쓰지
않음으로써 동주는 가뿐하게 비굴하지 않은 사람이 된다.
그는 망각과 회복의 달인이다. 이혼한 엄마가 만나자고
할 때마다 별 고민 없이 만난다. 그야 물론 보고 싶으니까.
만나면 반가우니까. 옥주는 또 그런 동주가 맘에 들지 않는다.

"넌 자존심도 없냐?
보러 오란다고 보러 가고 싶어?"

옥주의 질문에 동주는 망설임 없이 대답한다.

"응."

동주로서는 당연한 일이다.

"저번에도 보자고 했다가 못 봤잖아."

"그땐 그때고…"

이것이 동주의 마음자리다. 지나간 일은 지나간 일로
흘려보내는 것. 하지만 옥주는 그게 잘 되지 않는다. 내
마음은 동주와 함께 홀가분해졌다가 옥주와 함께 축축해지고
서글퍼진다. 너무 다른 두 사람이 한집에서 지낸다. 서로에게
서로가 있다. 옥주는 모질게 굴고 나서 이렇게 사과한다.

"…저번에 누나가 때려서 미안해."

동주가 대답한다.

"괜찮아. 간디도 옛날엔 조폭이었대."

그는 용서와 유머의 달인이기도 한 것이다. 나는 옥주
같은 마음으로 태어나, 동주 같은 마음을 동경하며 살아가는

듯하다. 그래서인지 꼭 죄다 겪어본 것처럼, 내 유년을 보듯 그리운 마음으로 〈남매의 여름밤〉을 본다. 그동안 기쁨과 슬픔은 하나가 된다.

글 : 이슬아
작가, 헤엄 출판사 대표

193

사라져가는 주거의 형식, 그리고 그 안의 가족

최원준
건축 에세이

〈남매의 여름밤〉은 사라져가는 가족상, 주거형식, 그리고
둘의 상관관계에 대한 현재 시점의 기록이다. 영화는
옥주, 동주 남매와 아버지가 재개발사업으로 철거 예정인
다세대주택에서 이사 나오면서 시작된다. 반지하에다가
트인 공간 없이 답답해 보이는 집이지만, 옥주는 누군가와의
이별을 고하듯 구석구석을 응시하며 마지막으로 집에서
나온다. 옥주의 시선, 더불어 영화를 규정하는 카메라의
시선은 이렇듯 공간과 교감한다.

세 가족은 당분간 얹혀살 계획으로 홀로 사는 할아버지
집으로 향한다. 인천 시내 구릉지의 단독주택 동네에 위치한
오래된 2층 양옥, 1970년대에 지어진 소위 '불란서집'이다.
표준화된 평면을 바탕으로 집장수에 의해 만들어졌지만,
박공의 지붕 형태를 전면에서 살짝 2중으로 처리하고
전통목조의 서까래를 추상화한 장식을 덧붙이는 등 나름대로
소소한 멋을 부린 구석도 보인다.

오래된 집은 단지 물리적으로 노화되었을 뿐 아니라
세월 속 삶의 흔적들을 고스란히 누적하고 있다. 옷걸이가
돼버린 러닝머신, 각종 물건이 가득 쌓여 아이가 누울 틈조차

없는 침대, 고장이 났는지 엉뚱한 곳에 놓인 밥솥, 변압기,
전축. 부엌에 켜켜이 쌓여있는 프라이팬은 언젠가 쓸 것 같아
미처 버리지 못한 집안의 온갖 잡동사니를 대표한다.

　　자신과 상관없는 사물들로 가득 찬 공간은 잠시 신기할
수는 있어도 정주할 수 있는 환경은 아니다. 이사 온 첫날
밤, 옥주는 2층 방에 모기장을 치며 낯선 집 속에서 자신만의
공간을 확보하려고 애쓴다. 며칠 후, 계단 중간에 독특하게
설치된 문을 잠그며 자신의 영역을 2층 전체로 넓히기도
하고, 집안 곳곳을 살펴보며 정원에 방치됐던 자전거를 내
것으로 만들기도 한다. 낯선 환경에 익숙해져 가면서, 전혀
소통이 불가능해 보이던 할아버지와도 점점 친밀해져 간다.

　　인물 간 관계의 변화는, 공간을 통해 촉발되고 공간에서
작동하며 공간으로 상징된다. 첫날 주방 한쪽에 놓인 식탁에서
어색하게 콩국수를 먹던 가족은, 거실에 평상을 놓고 모여
앉아 이야기를 나누며 식사하면서 비로소 한 식구가 된다.
이렇듯 모두가 함께하는 거실이지만, 어느 날 밤 할아버지가
맥주 한잔과 함께 신중현의 '미련'을 들으며 홀로 추억에
잠기는 지극히 개인적인 공간이 되기도 한다. 앞서 언급한

사라져가는 주거의 형식, 그리고 그 안의 가족 - 최원준 건축 에세이

계단 문이 활짝 열려있음에도 불구하고, 옥주가 거실로
내려가려던 발걸음을 스스로 멈추고 물러섰기 때문이다.
영역성은 물리적 구조를 넘어 구성원 서로의 배려를 통해
형성된다. (할아버지의 시선을 피해 계단에 앉아 노래를
함께 듣는 옥주의 모습은 영화에서 인물 간 교감의 순간을
가장 인상적으로 표현한 장면이다) 상대의 삶에 대한 애정
어린 개입이 그의 영역에 다가감으로써 이루어지기도 한다.
엄마의 선물을 두고 다투는 옥주와 동주를 말리기 위해
할아버지는 거동이 불편한 몸을 이끌고 극 중 처음으로
2층으로 올라온다. 영화의 결말부에서, 비록 물리적 실체는
동일하지만 할아버지가 돌아가신 다음의 집은 살아계실 때의
집과 다른 것이어서, 장례식장에서 돌아온 아이들은 쉽게
들어가지 못한다.

할아버지 집이 아파트였다면 이러한 상황들이
가능했을까. 불란서집, 슬래브집 등의 양옥 단독주택은
우리의 건축역사에서 1970-80년대에 널리 보편화된
주거형식이다. 이전에는 도시한옥이 있었고, 아파트가 그
뒤를 이었다. 가난을 막 벗어나던 시절, 양옥은 근대화와
서구화를 향한 소시민적 꿈에 힘입어 기존의 도시한옥을

대체해나갔지만, 마당, 대청 등 기존의 한옥이 지닌 우리
고유의 공간, 그리고 그것이 담았던 생활양식과 가치를
수용하지 못했다는 비판도 존재했다. 하지만 오늘날, 프랑스
학자가 '아파트 공화국'이라 부를 정도로 전국민적으로
선호되는 주거형식이 확정돼버린 이제, 돌이켜보면 이들
단독주택에서는 아파트에서 더 이상 찾을 수 없는 공간과
특성들이 발견된다. 〈남매의 여름밤〉이 꼼꼼하게 응시하는
그것들이다.

우리의 주생활 공간은 서양식으로 기능에 따라 침실,
거실, 식당, 서재 등으로 나뉘기보다는 안방, 건넌방 등으로
불리며 취침, 식사, 공부, 손님맞이와 같은 다양한 활동을
하나의 공간에 담았다. 사람들도 이러한 공간의 범용성과
가변성에 익숙해서, 동주가 2층 거실로 비빔국수를 가져가는
순간 그곳은 또 하나의 식당이 되고, 재봉틀이 식탁으로, 창가
난간이 의자로 전용된다.

공간 사이의 개방성도 돋보인다. 정원과 외부 세상을
향해 훤히 전면창으로 열린 거실은 2층에서 내려오는
계단과도 바로 연결되며, 안방, 건넌방 문을 열면

사라져가는 주거의 형식, 그리고 그 안의 가족 – 최원준 건축 에세이

시각적으로도 서로 통하게 된다. 프라이버시를 확보한다는 이유로 침실마다 문을 열어도 거실이 바로 내다보이지 않도록 구성되곤 하는 오늘날의 아파트 평면과 대조적이다. 가족 사이가 멀어져 그런 공간이 만들어졌을까, 아니면 그런 공간이 우리 사이를 소원하게 했을까.

여기에는 특정 기능이 부여되지 않은 여유로운 공간도 있다. 2층 테라스에서는 동네를 내다볼 수 있고, 널찍하게 빨래를 널 수 있으며, 다른 가족의 눈을 피해 내밀한 대화를 나눌 수도 있다. 1층으로부터 반층 아래 떨어져있는 정원과 달리 실내에서 바로 연장되어 활용도가 더 높은 이러한 외부공간은, 아파트에서 베란다라는 형식으로 그나마 존재했으나 이제는 실내공간을 넓히기 위한 베란다 확장으로 거의 자취를 감춰가고 있다. 차이 나는 것은 물리적 환경만이 아니다. 영화는 하루 중 집안 곳곳으로 깊숙이 스며드는 다양한 방향의 햇빛을 종종 담아낸다. 사방으로 창이 난 단독주택이기에 가능한 일이다. 좌우로 막히고 앞뒤로만 외부에 열린 아파트에서는, 계절에 따라 약간의 차이가 있을 뿐 자연광이 실내로 들어오는 시간과 방향은 한정적이다.

영화가 면밀하게 포착하는 옛 양옥의 공간과 순간들은,
기성세대의 관객에게는 어린 시절 살았던 곳 혹은 친구 집의
추억을 떠올리게 한다. 평생 공동주택에서 살아온 젊은 세대는
드라마 '응답하라' 시리즈 등을 통해 간접적으로 알았던
대상을 좀 더 생생하게 체험할 수 있다. 영화 제목의 '남매'가
옥주, 동주뿐 아니라 아빠, 고모까지 포함하듯이, 이것은
하나의 시간과 공간을 공유하고 있는 여러 세대의 이야기다.
미래의 세대는 그야말로 〈남매의 여름밤〉과 같은 작품을
통해서만 이러한 환경을 접할 수 있을 것이다. 영화의 마지막
장면은, 영화감독 중 건축을 가장 잘 활용했던 미켈란젤로
안토니오니의 〈일식〉에서와 같이, 인물들이 부재한 빈 공간의
모습들로 구성되어 있다. 그 중 한 쇼트에서, "서울도 아니고
재개발되는 곳도 아니지만", 저 멀리에서 아파트가 다가오고
있다.

글: 최원준
숭실대학교 건축학부 교수

사라져가는 주거의 형식, 그리고 그 안의 가족 – 최원준 건축 에세이

그해 여름 우리는

김혜리 씨네21 기자의
윤단비 감독 인터뷰

생애 첫 장편영화를 세상에 내놓은 윤단비 감독은 놀라워하고
있었다. 고대한 크랭크 업과 관객과의 대면이 끝난 후에도 영화는
계속 '만들어지고' 있다는 사실에. "제 생각을 뛰어넘어 영화의 의미를
확장 시켜주는 관객들에게 신뢰가 생겼어요. 예전에는 사람들이
극 중 인물이 나라고 생각할까 봐 내밀한 감정을 영화에 드러내길
주저했어요. 그런데 〈남매의 여름밤〉을 통해 내가 현장 모니터에서
느끼는 바는 반드시 객석에도 전달된다는 확신을 얻었어요."
반드시 이해받을 수 있다는 믿음으로 한결 용감해진 감독과
〈남매의 여름밤〉의 기억을 되짚어 보았다.

-〈남매의 여름밤〉의 가제는 〈이사〉였던 걸로
안다. 현재 제목으로 바뀐 이유는?

=간결한 제목이 좋아 〈이사〉로 지었는데 영화를
찍은 후 편집하면서 보니 아빠 병기(양흥주)와
고모 미정(박현영), 옥주(최정운)와
동주(박승준) 두 남매에게 시선을 모으고 전체
주제를 압축하는 데에 〈남매의 여름밤〉이 적확해
보였다.

-처음에는 남매가 죽음을 앞둔 부친의 재산을
두고 계략을 세워 다투는, 어른 중심의 장르적
이야기였다고 들었다.

=성인 남매와 손주 남매가 모두 모종의
이유로 할아버지의 재산에 기대어 생활한다는
줄거리였는데, 이야기를 지으려고 인물들을 필요
이상으로 악하게 그려야 하나 싶었다. 범죄까지는
아니더라도 (부모의 재산에 의존하는) 비슷한
사례가 현실에 비일비재하지 않나. 사건의
강박에서 벗어나 일상과 정서에 집중해서 흘러가는
이야기를 만들어도 될 것 같았다.

-결국 〈남매의 여름밤〉에는 나쁜 사람이 없다. 악역
없는 서사를 만드는 작업에는 어떤 의미가 있나.

=아무래도 악역이 등장하면 긴장이 높아진다.
악역이 없고 집중할 점이 없는데 과연 관객의
주의를 끌고 나갈 수 있을까, 착한 인물만 나오는
이야기도 드라마로 바라봐줄까 고민이었다. 그러나
내가 사랑해 온 영화들이 일상의 영화들이라는
사실을 깨닫고 힘을 얻었다.

206

-이렇다 할 사건이 없는 영화는 씬 안에서 리듬과
밀도를 만들어야 하니, 주연 가운데 경험이 적은
배우가 있을 경우는 부담이 클 텐데.

=첫 장편이라 애초에는 장면 순서대로
촬영하려 했다. 하지만 그러다 보니 이사하는
첫 장면에서 병기와 어린 남매가 가족으로
친밀해 보여야 하는데 기류가 어색하고 긴장이
느껴졌다. 그래서 편한 장면들부터 찍는
쪽으로 선회했다. 할아버지와 가족이 콩국수를
먹는 장면을 찍은 날 비로소 "이제 영화가
시작되겠구나"하고 안도했다.

가족 시네마

-가족은 아시아 거장 감독들에게 심장 같은
소재다. 허우 샤오시엔의 〈동동의 여름방학〉, 오즈
야스지로의 〈안녕하세요〉, 고레에다 히로카즈의
〈걸어도 걸어도〉나 〈태풍이 지나가고〉 같은
영화들이 〈남매의 여름밤〉 상영관을 나오는 관객의
뇌리를 스칠 것이다. 참고하거나 관객으로서
좋아하는 작품이 있나.

=가족 영화가 감독으로서 당연히 거쳐야 할
코스라고 생각하진 않았는데, 〈남매의 여름밤〉을
하면서 이 지점을 찍고 지나가야 나의 다른
영화들을 솔직하게 찍을 수 있겠다는 생각이
들었다. 구체적으로는 오즈 야스지로의 〈동경
이야기〉에서 영화가 보여주지 않는 것들-
갑작스런 어머니의 죽음이라든가-과 가족의
애도 방식을 보면서, 일상적인 사건을 예측
못 하는 방식으로 연출한 것에 깊은 인상을
받았다. 에드워드 양의 〈하나 그리고 둘〉도 "저런
결을 가졌으면" 했던 작품이다.

-가족 영화의 캐스팅에서 큰 과제는 개인의 적합
여부를 넘어 다수의 배우가 가족처럼 보여야 한다는
것이다. 독립영화로서는 만만치 않은 숙제였겠다.

＝가족처럼 보일 일군의 배우를 찾기보다 내가
좋아하는 배우들을 계속 만났다. 그러다 보니 내
가족, 내가 좋아하는 사람들과 닮은 배우들을
많이 만났고 대본 리딩보다 사적인 이야기를
많이 했다. 할아버지 역을 맡은 김상동 배우를
만났을 때는 그저 살아온 시간에 대한 이야기를
들었다. 친손자를 아주 애틋하게 생각하셔서, 동주와
옥주를 손주처럼 바라볼 수 있겠구나 싶었다. 그런가
하면 아들 동주 역의 박승준 배우는 아빠 역의
양흥주 배우와 너무 닮아서 양선배한테 "보시면
닮았다고 생각하실 거예요"라고 미리 말씀드리기도
했다.(웃음)

-감독이 동일시하는 인물이며 영화의 화자인 옥주는
자존심과 긍지를 매우 중요하게 여긴다. 가족 식사
자리에서 춤을 춘 동생에게 비굴하다고 타박할
때나, 할아버지 몰래 집을 내놓은 아버지와 고모의
행동을 비난할 때 그렇다. 그래서 아버지가 너 역시
마찬가지라고 말할 때 큰 충격을 받은 것처럼 보인다.

=옥주 나이의 내게도 자존심과 가치관이 중요한
고민거리였다. 병기가 옥주를 비난하는 말이
아침드라마 대사 같아 마음에 든다. 아빠도 궁지에
몰려 유치해지는 순간이고 옥주도 돈이 없어서
자기를 합리화하고 있다. 어른들의 행동을 납득
못 하는 건 아니지만 옥주는 아빠와 고모가
할아버지에 대한 배려가 너무 없다는 생각을 떨칠
수 없어 반발한다. 아직 어려 아무것도 모르는
동생과 그들만의 세상이 있는 어른들 사이에서
옥주는 어떻게든 자기를 지켜나가려고 애쓴다.

210

–남매가 영화에서 제일 중요한 관계지만 그렇다고
절절한 우애가 주제는 아니다. 이 영화의 남매들은
특별히 애틋하거나 반목하지 않는다. 그냥 계속
붙어있다.

=옥주 남매가 아빠와 고모의 과거이고, 둘이
자라서 아빠와 고모처럼 될 수도 있다고
생각했다. 그래서 할아버지에 대한 아빠의 행동에
대한 어린 남매의 반응, 옥주가 동주와 둘이만
남았을 때 동생을 방으로 들이는 장면, 집에 관한
몇 번의 대화를 연관 지어서 볼 수 있지 않을까
생각했다.

-평소 옥주는 자신과 동생은 상종할 수 없을 만큼
차이가 크다고 생각하지만, 막상 싸움이 붙으면
하나도 접어주지 않고 이기려 한다. (웃음)

= 항상 동생에게는 어른 행세를 하지만 방을
구역으로 나눈다거나 옥주에겐 미숙한 면이
많다. 동주가 악착같이 달려들어 부아가 치밀게
하기도 한다. (웃음) 결국 〈남매의 여름밤〉은
옥주의 성장담이기도 하다. 이 과정을 거쳐 그런
식으로 싸우지 않는 날이 오겠지.

-할아버지와도 특별히 친해지는 계기가 되는
사건은 보여주지 않았다. 그저 얼마간의 시간이
흐르고 나면, 어느새 어린 남매가 할아버지에게
보호자적 태도를 취하고 있다.

= 영화 속 시간을 한 달 내지 두 달로 잡았다.
〈동경 이야기〉에서 시간을 압축했던 방식도
생각했고. 고모부가 찾아와 소란을 피울 때
아이들의 리액션이 영화상으로는 갑자기 진전된
느낌이 들 수도 있다. 하지만 어린 동주도 영화에
나오지 않은 과거에 이혼에 이른 부모의 갈등을
겪어봐서 대처법을 학습하지 않았을까.

볕이 잘 드는 텃밭 딸린 집

-영화를 본 모든 관객이 할아버지의 집이라는
공간의 중요성을 느낀다. 어떤 집을 찾아 헌팅을
다녔나. 촬영지로 정해진 집의 속성에 따라
시나리오가 수정되기도 했나.

=아빠와 고모가 어려서부터 살았고 할아버지가
현재 주거하는 공간이어야 하니 구옥이어야 했고
추억을 환기시키는 면모가 필요했다. 내가 어릴
적 살았던 집도 옛날 집이었다. 한때 동네에서
제일 잘 살았던 집 같은 분위기의 구옥을 찾다가
다행히 발견했다. 들어서는 순간 할아버지네 집
같다는 느낌을 받았다. 이층집을 찾은 건 아닌데
로케이션을 찾고 보니 시나리오가 예상 못 한 공간
배치가 있었다.

-2층으로 가는 계단에 사춘기 소녀가 딱 마음에
들어갈 만한 특이한 중문이 있다.

=그 중문을 꼭 활용하고 싶었다. 서울에서 살던

작은 집에서는 동생과 생활을 분리할 수 없던
옥주에게 중요한 장치가 될 것 같았다. 내가 어렸을
때 독립된 공간을 갖고 싶은 욕심에 집에서 쓰지
않는 작은 장롱에 들어가 있던 기억도 났다.

-널찍하고 무성한 뜰도 가족이 처한 경제적
어려움과 무관하게 인물들을 풍요로워 보이게
한다.

214

=생활고로 좁은 집에 모여 지낸다는 상황으로
만들 수도 있겠지만 가족들이 집에 머무르는
시간만큼은 해결되는 문제가 없어도 위안과
안정을 얻길 바랐다. 할아버지가 몸이 불편하니
뜰이 좀 황폐해야 할 것 같았는데 막상 우리가
찾은 집의 텃밭은 아주 잘 가꿔져 있었다. 미술을
더해 시들하게 만들어야 하나 고민하다가 현실을
살리기로 했다. 결과적으로 텃밭에서 포도를
따고 물을 주는 장면 등 뜰과 집을 연결하는 씬이
만들어졌다.

-촬영한 집이 유난히 채광이 좋다. 조명을 안배한
부분이 있나?

=여름엔 창을 열고 지내는 날이 많으니 외부에서
자연광이 많이 들어왔으면 했다. 그래서 낮 장면의
조명에 더 신경을 썼고 밤 씬에선 집안의 따뜻함을
살리면서도 배우의 동선에 지장을 주지 않으려 했다.

-할아버지네 집에 도착한 날 밤 옥주가 치는
모기장이 예쁜 분홍색이라 마치 소녀의 성(城)처럼
보인다. 옥주가 모기장에 들어오려는 동주는
내치면서도, 고모는 들어오라고 허락하는 이유는?

=평범한 모기장을 소품으로 준비해 갔는데 촬영한
집 앞 슈퍼마켓에서 분홍 모기장을 쓰고 계셨다.
옥주의 캐릭터를 더 잘 표현할 수 있을 듯해
촬영하는 동안 바꿔주십사 부탁했다. 세팅하지
않은 필연 같았다. 옥주가 모기장에 동주를
못 들어오게 한 것은 편한 상대여서고, 고모는
오히려 어려워서 들어오라 했을 거다. 그맘때 나도
어른들한테 잘 보이고 싶은 마음이 있었다. 하지만
고모와 모기장 안에서 시간을 보내고 나서는 좀 더
가까워졌을 거다.

216

-촬영 카메라를 선택할 때 고려한 조건은
무엇이었나.

=심도가 고루 깊게 들어갈 수 있는 카메라를
골랐다. 한 인물을 보여주고 포커스
아웃시킨다거나 연출이 많이 개입된 촬영은
원하지 않았기 때문이다. 심도 있는 렌즈를 쓸 수
있는 아리 알렉사를 택했는데 무게가 많이 나가는
기종이다. 스태프 수도 적고 경험이 적은 배우들도
있고 해서 대체로 고정해서 찍었다. 가족들을
관조적으로 바라보려고 했다. 고모를 비롯해
인물들은 각자 하고 싶은 이야기를 다 털어놓지
않는다. 카메라도 파고 들어가기보다 거리감을
두고 싶었다.

되살아날 시간들

-윤가은 감독은 두 번째 영화 〈우리집〉을 만들면서
미성년 배우들과 촬영하는 스태프들을 위한
가이드라인을 만들기도 했다. 관련해 나름의 매뉴얼이
생겼다면.

=어린 배우들은 영화 현장에 있는 것만으로도
힘들다. 일단 하루 촬영분을 최대한 줄이도록 노력했고
연기자로서 대하기보다 친근하게 접근하려고
했다. 동주 역의 박승준 배우는 나를 누나라고
부르다가 가방을 선물 받자 잠시 감독님이라고 불렀다.
(웃음) 감정 씬에서도 극한으로 몰아붙이지 않으려
했다. 옥주 역의 최정운 배우에게 감정이 격해지는
씬이 있었을 때 현장에서 모두가 배우만 바라보게 하지
않고, 긴 쉬는 시간을 갖거나 둘이서 대화했다.

-영화 속에서 꿈과 기억이 서로 연관되어 몇 차례
언급된다. 할아버지가 어린 날의 아빠에게 한
장난이, 할아버지 집으로 가족이 들어온 이후 아빠의
꿈에 등장하는가 하면, 고모는 일찍 여의어 기억에

없는 할머니 모습이 꿈에 자꾸 나온다고 말한다. 옥주도
현실에서 만나지 않는 어머니를 꿈에서 본다.

=기억이나 경험을 환기시키는 영화를 만들고
싶었다. 과거의 추억이 아니라 옥주가 나중에 성인이
되어 돌이켜봤을 때 불현듯 다시 지나가는 시간을
그리려 했다. 그리고 그런 시간은 꿈으로 나타날 수도
있을 것 같았다. 시간의 구조를 고민하다가 꿈을 삽입한
면도 있다. 사건을 순서대로만 보여준다면 할아버지를
떠나보내는 예측 가능한 결론으로 흘러가는 이야기지만
꿈이라는 장치를 사용하면 가족들의 이야기를 더 다룰
수 있을 것 같았다.

-옥주가 할아버지 장례식장에 문상한 엄마를 보는 꿈
장면은 연출 방법이 특이하다. 꿈의 앞부분은 현실처럼
보이고, 뒷부분은 물리적으로 불가능한 앵글의 숏을
통해 초현실이라는 암시를 줬다. 어떤 의도였나.

=할아버지 영정을 등진 연쇄적 단독 숏들은 전체
영화에서도 이질적이다. 어머니의 방문을 다
보여주고 난 다음에 옥주가 깨어나서 꿈이었음을
인지하게 해야 하는지 영정사진 숏부터 꿈으로
들어간 상황으로 할지 선택해야 했다. 장례식의 촬영

앵글에 고민이 많았다. 거기서 옥주가 밥을 많이 먹었으면 좋겠다고 생각했다. 영화 후반부의 쓸쓸한 내용을 우리는 아니까 모니터 뒤에 있는 스태프들이 촬영하다 울기도 했다.

-앞서 말한 대로 카메라를 고정한 쇼트가 많지만, 감정의 진폭이 커지는 몇 대목에서는 카메라가 인물 앞에서 후진하며 관찰하는 촬영을 선택했다.

=내 영화도 전체를 관통하는 촬영의 스타일이 있어야 하지 않을까 생각하기도 했다. 하지만 결국 어떤 상황에서도 인물을 잘 보여주는 방식을 앞세우기로 했다. 옥주가 자전거를 달리는 장면은 고정된 카메라로도 찍어 봤지만 감정의 지속시간이 짧게 느껴져 지켜보며 움직이는 촬영으로 바꿨다. 장례식장에서는 낯선 공간에 들어서기까지 남매가 느끼는 불안, 그런 중에도 누나 옥주가 동주를 보호하는 느낌을 계속 따라가려 했다.

-〈미련〉이 유일하게 쓰인 노래다. 어떻게 골랐나.

=먼저 김추자 선생님의 노래면 좋겠다는 정도만

생각했다. 할아버지가 음악 듣는 장면은 〈커피
한 잔〉을 틀고 촬영했다. 그런데 편집 과정에서
촬영감독이 〈미련〉을 제안했다. 할아버지라면 장현이
부른 〈미련〉을 들을 것 같았다.

-영화를 찍는 동안 다행스러운 우연이 있었다면.

=아빠가 동주를 깨우는 장면에서는 아이의 짜증을
예상했는데 박승준 배우는 잠투정을 하다가 왜
깨웠냐고 웃더라. 나의 디렉팅보다 풍부해졌다고
느꼈다. 집안의 공간을 마지막으로 보여주는

숏에서는 바람이 불었다. 누군가를 떠나보낸 후
바람이 지나가면 혹시 그 사람이 왔나 생각하지
않나. 할아버지의 존재를 상기시킬 수 있겠구나
싶었다. 나비? 물론 CG 아니다.

인터뷰: 김혜리 〈씨네21〉 기자

남매의 여름밤 각본집
Ⓒ2019 ONU FILM ALL RIGHTS RESERVED

초판 1쇄 발행 2020년 9월 13일
2판 3쇄 발행 2024년 1월 15일

지은이	윤단비
펴낸이	백준오
편집	임유청
교정	이보람
디자인/일러스트	김현진
포스터 디자인	빛나는
인쇄	다보아이앤씨
도움 주신 분들	임진희 배국한 박시영 황영주

펴낸곳 플레인아카이브
출판등록 2017년 3월 30일 제406-2017-000039호
주소 경기도 파주시 회동길 337-16, 302호 (10881)
www.plainarchive.co.kr
cs@plainarchive.com
www.instagram.com/plainarchive
18,000원
ISBN 979-11-90738-06-4(03680)

이 도서의 국립중앙도서관 출판예정도서목록(CIP)은 서지정보유통지원시스템 홈페이지(http://seoji.nl.go.kr)와 국가자료공동목록시스템(http://www.nl.go.kr/kolisnet)에서 이용하실 수 있습니다.

CIP제어번호: 2020035134